JN248515

意味解釈の中のモダリティ

（上）

意味解釈の中の モダリティ（上）

澤田治美 著

開拓社

まえがき

本書は『意味解釈の中のモダリティ』の上巻である。『意味解釈の中のモダリティ』は，発話や文の意味を解釈する際に，モダリティがどのように関わっているのかということについて，英語法助動詞を中心にして上下2巻，全14章にわたって考察したものである。

本書では，モダリティの定義とその体系・多義性，モダリティの拡大と深化，モダリティの語用論，モダリティの相関性，モダリティの透明化といったテーマについて，さまざまな例を挙げて論じる。続いて，下巻では，個別の法助動詞を取り上げ，各法助動詞に対して，行為の非実現性・困難性と同等比較，自発的知覚，心理的衝突，断定と予測，状況の特定性，現実世界領域と言語行為領域，現実性と仮想性などの観点からアプローチする。

ここで言う「モダリティ」とは，概略，「事柄（もしくは，素材，命題内容）のありよう」である。意味とは，広義に解すれば，外なる世界の捉え方であり，内なる感情の表出であり，相手に対する言語行為である。筆者の言語観では，言語の意味は，モダリティなしでは成立し得ない。

本巻で打ち出したテーゼに，「モダリティの相関性」がある。それは，モダリティは単一文の中だけで解釈されるのではなく，文の境界を越えて解釈されるというものである。次の例を見られたい。

(1) a. The garage is a mess, John *must* have been washing the car.
(ガレージが散らかっている。ジョンが今までずっと車を洗っていたのに違いない)

b. *The garage is a mess, John *should* have been washing the car.
(ガレージが散らかっている。ジョンが車を洗っていたはずだ)

(Rivière (1981: 193))

(1) の両文では，現在完了進行形 "John has been washing the car." (ジョンが今までずっと車を洗っていたのだ) という (終わったばかりの) 事柄は，"The garage is a mess." (ガレージが散らかっている) という，一つ前の文で表されている事柄の「原因」(そして，「説明」,「言い訳」) となっている (Hornby (1956: 97–98) 参照)。興味深いことに，原因について推量する場合，must (＝…に違いない) は適格だが，should (… はずだ) は不適格である。モダリティの解釈は文を越境するのである。

歌や詩の世界では，モダリティは事柄と分かち難く結びついている場合が多い。『万葉集』の中の次の「東歌」はよく知られている。[1]

---

[1] この歌に接するたびに，いつも思い出すことがある。それは「もろふた洗い」の仕事である。私の生まれは，島根県安来市広瀬町宇波 (旧，島根県能義郡布部大字宇波) である。奥出雲の静かな山里であり，出雲方言，いわゆる「ズーズー弁」の本場でもある。生家は代々続く麹屋である (屋号は「麹屋」)。麹は家の中に作られた室(むろ) (出雲方言では，「もろ」) で作られるのだが，室では米こうじを室で発酵させるために使われる平たく長細い木の箱「もろふた」

(2) 多摩川にさらす手作りさらさらに何そこの児のここだかなしき　　（『万葉集』巻第十四 3373）（岩波文庫）
（多摩川でさらす手作りの布の，さらにさらに，どうしてこの娘がこんなにいとしいのだろうか）

かつて，手作りの麻布を川の流れにさらし，日に干すのは，古代の女性たちの仕事であった。この歌は多摩川湖畔の村で歌われた民謡であるとされる。この歌では，女性の労働と女性へのいとしさとが融合している。稲岡耕二著『鑑賞日本の古典 2　万葉集』（1980，尚学図書）では次のように述べられている。

同音を利用して，景物から心情表現へと転換するのは，歌謡の重要な技法の一つであった。布をさらすサラサラという擬声語と，今さらにの意味のサラサラとの間には，本来論理的に何の関連もないはずだけれども，まるで言葉の根源的な意味では両者に深いかかわりがあったかのように，巧みに融合され，恋ごころの表現へと一首が導かれてゆく。調べの美しさが，意味をこえてわたしたちに訴えかけるのである。一首の主題は，たまらないほどにいとしい気持を言うことにあるが，上句に明かるい武蔵の国の風物を歌い，おとめたちの働く姿をも髣髴とさせて，心にくいほどの作になっている。
(pp. 343-344)

（松材で，縦 70 センチ，横 30 センチ，深さ 5 センチ程度）が何段にもわたって積み上げられている。冬が終わるとともに麹作りも終了する。使った数百枚の「もろふた」は土蔵に収納しておき，夏の土用の日に，家の前を流れる小川の清流で「きーじゃせん」（出雲方言で竹製のささらを指す）を使ってきれいに洗う。洗った後は，庭で天日干しする。

実にみごとな説明であり，読む者を魅了してやまない。この歌では，事柄（情景）とモダリティ（心情）とが融合している。この歌は布をさらす女たちの作業にともなって歌われたものかもしれないことが示唆されているが（p. 344），その仕事は，単調で辛い仕事であったであろう。辛さの中で夢を見ようとする労働歌ではなかったか。

ことばは私たちを支え，勇気づけてくれる。私自身，大学4年の時，進路に迷いながらドイツ語を学んでいた時，Es irrt der Mensch, so lang er strebt.（人は，努力する限り迷うものだ）というゲーテのことばを見つけた。『ファウスト』の「天上の序曲」にあるこのことばは，今日までずっと心の糧となってきた。次のことばも私の背中を押してくれた。Make haste slowly.（ゆっくり急げ）（ラテン語 festina lente.），Be not therefore anxious for the morrow: for the morrow will be anxious for itself. Sufficient unto the day is the evil thereof.（だから，あすのことを思いわずらうな。あすのことは，あす自身が思いわずらうであろう。一日の苦労は，その日一日だけで十分である）（「マタイ伝」6章34節）。

最初のことばは大学時代に出会ったもの（作家の故開高健は「悠々として急げ」と名訳した），2番目のことばは結婚式で恩師から贈られたものである。高校時代に，授業で，Life is full of partings. を「「サヨナラ」ダケガ人生ダ（人生足別離）」（井伏鱒二『厄除け詩集』から）と，Love laughs at distance. を「惚れて通えば千里も一里」と訳したらどうかと教わった時，雷に打たれたような感動を受けた。

何気ない一言が心を揺さぶることがある。法助動詞もわずか一語である。本書では，モダリティを通して，個々のことば（特に，法助動詞）のより深い意味を探求する。

末筆ながら，このたびも，開拓社編集部の川田賢氏のお世話になることができた。氏の気配り，用意周到さ，広い視野，豊富な経験，丁寧な校正のおかげで本書は無事に誕生することができた。川田氏に心から感謝を申し上げたい。

本書の一部は，JSPS 科研費 JP17K02830（「英語疑似法助動詞の意味論的・語用論的研究」）の助成を受けたものである。

2017 年 12 月 16 日　　澤田 治美

挿絵は多摩川流域の六郷村での，女性による「布さらし」，砧を使った「布叩き」，そして布の天火干しの光景を描いている（『東海道名所図会』（1797）から）。

目　次

下巻目次

第1章

「事柄のありよう」としてのモダリティ

1. はじめに

はじめに，次の例（クリスティ『ロジャー・アクロイド殺害事件』第7章から）の法助動詞 must を解釈してみよう。キングズ・アボット村の田舎地主で荷車の車輪製造で財をなした富豪ロジャー・アクロイドが，ある晩，書斎で何者かに刺殺された。ポアロは死体が発見された書斎の現場検証をする。パーカー（＝アクロイド家の執事）の証言によると，入り口のドアから入ってすぐ左手にある安楽椅子（grandfather chair）が，死体発見時には，奇妙にも，ドアに向き合うような形に動かされていたが，警察と一緒に部屋に戻った時には，また元の位置に戻っていたという。下の図において，元に戻っていた安楽椅子は×印で示されている。

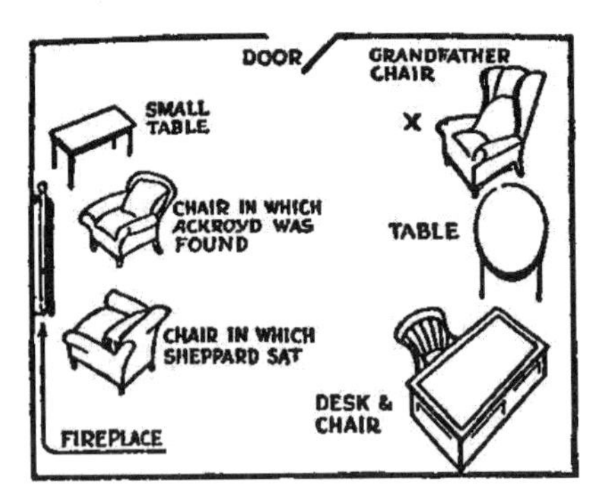

図1　アクロイドの書斎

いったい誰が動かしたのか，そして，誰がまた元の位置に戻したのか。ポアロは，パーカーや「私」（＝ジェームズ・シェパード医師，物語の語り手）に尋ねる。パーカーも「私」もやっていないと否認する。

(1) '*Voilà ce qui est curieux*,' murmured Poirot. 'No one would want to sit in a chair in such a position, I fancy. Now who pushed it back into place again, I wonder? Did you, my friend?'

'No, sir,' said Parker. 'I was too upset with seeing the master and all.'

Poirot looked across at me.

'Did you, doctor?'

I shook my head.

'It was back in position when I arrived with the police, sir,' put in Parker. 'I am sure of that.'

'Curious,' said Poirot again.

'Raymond or Blunt must have pushed it back,' I suggested. 'Surely it isn't important?'

'It is completely unimportant,' said Poirot. 'That is why it is so interesting,' he added softly.

(A. Christie, *The Murder of Roger Ackroyd*)(斜体原文, 下線筆者)

下線部の 'Raymond or Blunt must have pushed it back.' は, 「レイモンド(=アクロイドの秘書)かブラント(=アクロイドの友人, 狩猟家)のどちらかが戻したのに違いありません」と解釈できよう。ここで, 推量の must (= ...に違いない)が用いられたのは, 話し手のシェパード医師が,「レイモンドかブラントが戻しましたよ」と断言しなかった(あるいは, できなかった)からである。断言したのであれば, must を使わずに, 単に 'Raymond or Blunt pushed it back,' と述べたことであろう。この must は，安楽椅子が知らぬ間に元の位置に戻っていたことの原因を推量している。それゆえ，日本語では，「…が戻したのに違いありませんよ」のように「の」を用いて解釈するほうが本質をついている（「原因推量」に関しては，第 4 章 5 節参照）。

「推量」とは，「事柄」（もしくは，素材，命題内容）の成分ではなく，「事柄のありよう」に関わる話し手の心的態度である。心的態度はモダリティに属する。

さらに，以下の例（クリスティ『ロジャー・アクロイド殺害事件』第 17 章から）を解釈してみよう。この場面では，シェパード医師の姉であるキャロラインが，事件について，弟のジェームズとポアロに話しかけている。彼女は弟と同居しており，好奇心と想像力に富む女性である。

彼女は，アクロイド家の人々の中で，アクロイドを（殺そうと思えば）「殺せた」（殺したのではない）人物は，ラルフ・ペイトン（＝アクロイドの義理の息子）とフローラ・アクロイド（＝アクロイドの姪）の二人しかあり得ないと主張する。

(2) 'I've got the facts pretty clearly,' continued Caroline, taking no notice of Poirot's remark, 'from James and others. As far as I can see, of the people in the house, only two *could* have had the chance of doing it. Ralph Paton and Flora Ackroyd.'

'My dear Caroline—'

'Now, James, don't interrupt me. I know what I'm talking about. Parker met her *outside* the door, didn't't he? He didn't hear her uncle saying goodnight to her. She could have killed him then and there.'

'Caroline!'

'I'm not saying she *did*, James. I'm saying she *could* have done ....'

(A. Christie, *The Murder of Roger Ackroyd*)(斜体原文)

キャロラインは,「...しようと思えばできた」という意味を表すcould have を3回も用いている。とりわけ興味深いのは,キャロラインの最後の発話である。すなわち,「私は彼女がやったと言っているのではないのよ,ジェームズ。私が言っているのは,やろうと思えばやれたということなのよ」。

「やった」と「やれた」では雲泥の差である。前者は(実行したという)事柄を断言しており,後者はあくまで(実行の)可能性,すなわち,「事柄のありよう」を述べているにすぎない。後者は断言を避けたモダリティ表現となっている。

「モダリティ」(modality)は,「事柄」と対立する。それは,「事柄のありよう」(すなわち,様式・様態(mode))である。事柄のありようを表す語句を,Declerck (2011: 25)は,「モダライザー」(modalizer)と称している。モダライザーとしては,次のようなものが提案されている。①法助動詞(can, may, must, should, will など),②疑似法助動詞(have to, be going to, be able to など),③法副詞(possibly, perhaps, probably, surely, certainly など),④「弱主張的述語」(Hooper (1975))(think, believe, seem など),⑤法形容詞(possible, likely など),⑥願望動詞(intend, want, hope, wish など),⑦条件節を導く if (e.g. *If* he did that, he would be in real trouble. (Declerck (2011: 32))。[1] たとえば，Bill must leave now. という文の場合，不定詞節 (for) Bill (to) leave now が事柄（=命題内容）に，法助動詞 must がモダライザーに相当する。

ここでは，モダリティを以下のように特徴づけておきたい（澤田 (2006: 2, 2012b: 64, 2014b: 154, 2014c: 320) 参照)。

(3) モダリティとは，事柄（すなわち，素材，命題内容）に関して，単にそれがある（もしくは真である）と述べるのではなく，その事柄に関する情報はどのようにしてもたらされたのか，その事柄はどのようにあるのか，あるべきなのかということを表したり，その事柄に対する知覚や感情を表したりする意味論的なカテゴリーである。

---

[1] 以下の例からわかるように，(叙) 法 (mood)，補文標識 for，不定詞標識 to などもモダライザーに属する可能性がある。第一に，God *save* the Queen!（女王陛下万歳 !)（＝祈願）といった例からわかるように，「神が女王陛下を加護する」(God save the Queen) という「事柄」は仮定法（もしくは，叙想法）の志向対象となって，「非現実の想念である」と捉えられている（安藤 (2014: 177))。第二に，I'm anxious [*for* there to be plenty of time for discussion]. (Swan (2005[3]: 268))（議論の時間がたっぷりあるように望んでいる）といった例からわかるように，「議論の時間がたっぷりある」(there to be plenty of time for discussion) という「事柄」は補文標識 for の志向対象となって，「未実現である」と捉えられている。第三に，[*To* see them], you'd think they were married. But they only met yesterday. (Swan (2005[3]: 268))（あの二人を見たら，二人は夫婦だとあなたは思うだろう。しかし，実はつい昨日会ったばかりだ）といった例からわかるように，「あの二人を見」(see them) という「事柄」は不定詞標識 to の志向対象となって，「仮想的である」と捉えられている。

この特徴づけと異なる特徴づけに「非現実」という概念に基づくものがある。Langacker (1991: 276) によれば,「現実性」(reality) とは,「世界の中でこれまでに生起した事柄の歴史」(the history of what has happened in the world) である。法助動詞は,その対象たる事柄を「非現実性」(irreality) の領域に位置づける。

この点では, Declerck (2011) も同様である。Declerck (2011: 27) はモダリティを「事柄 (situation) が非現実的世界 (nonfactual world) に位置づけられる現象」(the phenomenon that a situation is located in a nonfactual world) と定義している。こうした定義によれば, John may be dead.（ジョンは死んでいるかもしれない）という文の場合, may（=... かもしれない）が「モダライザー」に, "John be dead"（ジョンが死んでいる（こと））が「事柄」に当たる。その事柄は未確定である（すなわち, 現実世界と一致してはいない)。よって,「非現実的」とされる。同じく, Val must leave town (as soon as possible).（ヴァルはできるだけ早く町を出なければならない）という文の場合, must（=... ねばならない）が「モダライザー」に, "Val leave town (as soon as possible)"（ヴァルが（できるだけ早く）町を出る（こと））が「事柄」に当たる。その事柄は現実世界においては未実現である(この場合も, 現実世界と一致してはいない)。よって, この場合も「非現実的」とされる。Langacker や Declerck の言う「非現実世界の事柄」とは, 本稿で言えば,「断言されない事柄」に相当する。

本書では, モダリティは, 現実世界をありのままに叙述するのではなく, そうあるべき世界を模索したり, そうだと思われる世界を想像したりするのに用いられる。すなわち, モダリティ表現を用いて「事柄のありよう」を述べるということは，その事柄を単にイエスかノーかで断言しないということでもある。イエスとノーの間にある領域を，「ありよう」という観点から述べるところにモダリティの本質がある。イエスかノーかで表される内容は事実か事実でないかのどちらかであり，そこには，推量や伝聞などが入りこむ余地はない。断定することを避け，「心的距離」を取ってこそ，こうした心的態度は可能となるからである。

このことを，次の日本語の例で考えてみよう。

(4)　犬麻呂とサヨは，子供のいない夫婦である。かつて幼い親鸞をあれほどかわいがってくれたのも，その淋しさをうずめるためだったのかもしれない。

小野を越後の親鸞のもとに送ったのち，サヨは急に老けこんだようだ，と犬麻呂はいっていた。

夫婦の会話も日ごとに少なくなっていく。商売の繁昌とは裏腹に，二人の孤独感は深まるばかりだったらしい。　（五木寛之『親鸞　激動編』）（下線筆者）

この例において，「その淋しさをうずめるためだったのかもしれない」，「急に老けこんだようだ」，「深まるばかりだったらしい」は，それぞれ，「その淋しさをうずめるためだった」，「急に老けこんだ」「深まるばかりだった」の持つ「断言性」を避けている。

また，「かつて幼い親鸞をあれほどかわいがってくれたのも，その淋しさをうずめるためだったのかもしれない」の文で，「のかもしれない」の「の」を削除してしまうと座りが悪くなる。それは，「のかもしれない」によって，犬麻呂とサヨという夫婦が幼い親鸞を可愛がった原因は淋しさをうずめるためだったというふうに，「原因推量」がなされているからだと考えられる。この点は，(1) の例における must の解釈と共通している。

なお，ここでの「事柄」と「モダリティ」の関係に対して，
日本語学の立場から，仁田 (2009, 2014) では，「命題」と「モダリティ」の関係として捉えられ，両者について，以下のように述べられている。

(5) 〈命題（言表事態）〉とは，話し手が外界や内面世界——現実——との関わりにおいて描きとったひとまとまりの事態，文の意味内容のうち客体化・対象化された出来事や事柄を表した部分である。

〈モダリティ（言表態度）〉とは，現実との関わりにおいて，発話時に話し手の立場からした，言表事態——文の対象的内容——に対する捉え方，および，それらについての話し手の発話・伝達的な態度のあり方を表した部分である。 （仁田 (2014: 68)）

このようなモダリティ観は，上述した (3) に見られるそれと重なる面が少なくないにせよ，異なる点は，(3) では「事柄のありよう」に重きが置かれているのに対し，(5) では「命題に対する話し手の捉え方，発話・伝達的な態度」に重きが置かれていることである（さらに，益岡 (1991) 参照)。

今，モダリティを持つ文を，モダリティの部分（=M）と事柄（=p）の部分とに大別し，次のように公式化してみよう。

(6) M (p)

この式は，モダリティが事柄を包み込んでいることを示してい

る。後述するように，M と p には相関関係がある。すなわち，ある M は適切な p を要求し，ある p は適切な M を要求する。

モダリティ M を用いることによって，私たちは事柄 p を「むき出し」のまま相手に伝達することを避けることができる。M を用いた表現は，遠まわしであるがゆえに，弱く，また丁寧に響く。一方，「むき出し」のままの p は，ぶっきらぼうであり，強く，摩擦を生じさせやすい。たとえば，「太郎は家にいるかもしれない」は弱く，「太郎は家にいる」は強い。「窓を開けてくださいませんか」は弱く，「窓を開けろ」は強い。対人的な配慮を要するコミュニケーションにおいては，モダリティが欠かせない。それは，弱くて遠まわしな言い方をすることによって相手との摩擦を避けるためであろう。モダリティはすぐれて人間的・社会的な言語資源なのである。

左の4コマ漫画（『朝日新聞』（2017年10月7日）の「アウトかも！」が愉快なのは，アンパイアをつとめた山田君が「アウト！」と「断言」しなければならないのに，「アウトかも！」とモダリティ表現を用いて，断言を避けているからである。

2. 主体，場面，素材

時枝誠記（1900-1967）の『國語學原論』（1941）で打ち出された「言語過程説」は，言語を，人間が自己の思想・感情を，表現し，理解する行為とみなす理論である（以下，引用は岩波文庫版『国語学原論』(2007) による）。この理論においては，言語は，表現の場合には理解主体（聞き手，読み手）を予想し，理解の場合には表現主体（話し手，書き手）を前提とする行為である。言語の本質を「行為」とみなすこうした理論は，オックスフォードの哲学者であった John Austin（1911-1960）—彼は「語用論の父」と称される—の「言語行為論」を先取りしている。彼は，

(1) ことばを発することは行為を行うことである。

というテーゼを提出した。このテーゼは「言語行為論」（speech act theory）として発展し，のちの哲学，言語学に大きなインパクトを与えた。Austin の考え方は 1955 年にハーバード大学のウィリアム・ジェームズ記念講演で明らかにされたが，1960 年に彼が急死したため，講義録を基に *How to Do Things with Words* (1962)（坂本百大(訳)（1978）『言語と行為』大修館書店）と題して出版された。

時枝（1973[18]: 166）は，言語成立の外部的条件として，「言語

主体」,「場面」,「素材」の三つを挙げた。時枝によれば,言語とは,誰(主体)かが,誰(場面)かに,何(素材)かを語るところに成立する(時枝(1973[18]: 166))。これら三者は,以下のような三角形で示されている(『国語学原論』(上)pp. 57–58)。

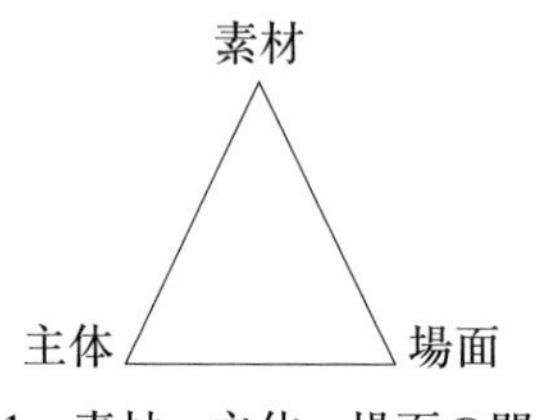

図1 素材,主体,場面の関係

時枝は,主体が素材を捉える際の志向作用を以下のように図示している(『国語学原論』(上)p. 61)。

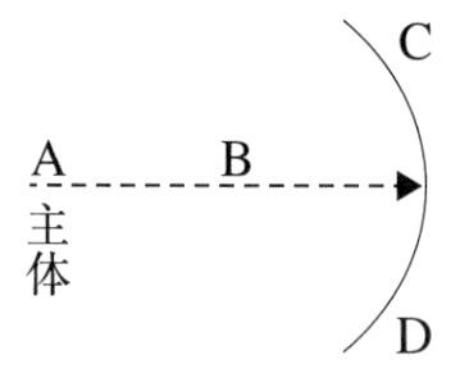

図2 志向作用

CD は「素材」であり,客体的世界に属している。B は,CD に対する「言語主体」A の志向作用を表している。A にとっての「場面」とは,B と CD が融合したもので,その中の重要な要素が聞き手である。本書のアプローチにおいては,素材は事柄 p に,志向作用はモダリティ M に対応する場合が多い。

時枝は,意味を理解するということは,言語によって喚起される事物や表象を受容することではなく,事物や表象に対する主体の把え方を理解することであると述べている。

(2) 言語は，写真が物をそのまま写す様に，素材をそのまま表現するのでなく，素材に対する言語主体の把握の仕方を表現し，それによって聴手に素材を喚起させようとするのである。絵画の表そうとする処のものも同様に素材そのものでなく，素材に対する画家の把握の仕方である。意味の本質は，実にこれら素材に対する把握の仕方即ち客体に対する主体の意味作用そのものでなければならないのである。

(『国語学原論』(下) pp. 110–111)

意味とは，素材の内実そのものというよりも，むしろ，素材に対する言語主体の把握の仕方であるという考え方は，アメリカの認知言語学者で認知文法の創始者, Ronald W. Langacker (1942–) のものと共通している。Langacker (1942–) は,「把握」を “construal” と称している (時枝の言語理論と Langacker の言語理論との共通点に関する議論については，澤田 (2011b: xiii ff.) 参照)。

次の例を解釈する際には，言語主体の視点が重要である (Langacker (2017: 23–24))。

(3) おや，湖の向こうにホテルがある。

(3) では，以下におけるように，話し手 (＝言語主体)，湖，ホテルという位置関係になっている。もし話し手がホテルに到着したら,「湖の向こう」とは表現できない。単に「湖のほとり」と言った言い方になろう。

(4) 湖のほとりにホテルがある。

以下の図で，点線矢印は話し手の視線を表す。また，話し手は一人の観察者 (observer) として「舞台」(stage) 上の湖とホテルを見ているものとする。

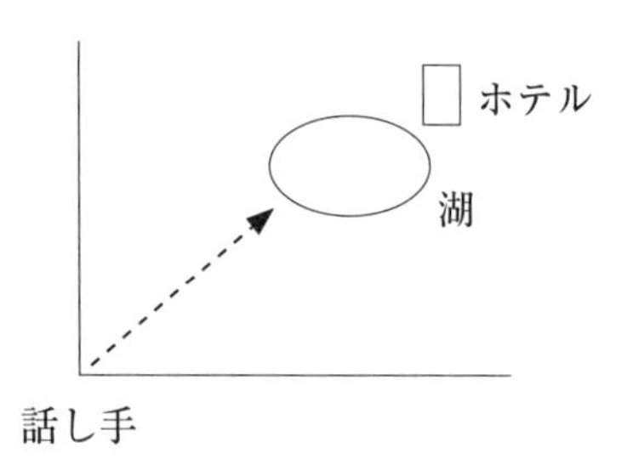

図 3 話し手（=言語主体)，湖，ホテルの位置関係

(3) においては，話し手が捉えた「湖」と「ホテル」は客体化されて，表現の「舞台」に登場している。一方，その情景を捉えた当の話し手は「主体化」されて（すなわち，見る側にあって)，「舞台」に登場してはいない。しかし，たとえ，舞台に登場していなくても，話し手は表現を支える極めて重要な役割をになっていることに変わりはない。

では，話し手が主体化された場合と客体化された場合とを比較してみよう。

(5) a. Ed Klima is sitting across the table from me!
　　b. Ed Klima is sitting across the table!

(Langacker (1985: 140))

(5a) であれ (5b) であれ，“across A from B”（=「B から見て A

の向かい側に」）という表現の参照点（reference point）となっているのは話し手にほかならない。(5a) は「（なんと）私から見てテーブルの向かい側に座っているのはエド・クリマじゃないか！」，(5b) は「（なんと）テーブルの向かい側に座っているのはエド・クリマじゃないか！」と解釈される。話し手の存在は，(5a) では代名詞 me によって客体化（もしくは，明示）されているが，(5b) では主体化されている（すなわち，明示されていない）。

Langacker（1985: 141）は，次のようなコンテクストを挙げて，両文の違いを説明している。たとえば，話し手が聞き手に，自分と（否定の研究で有名な）言語学者クリマが会議で同席している写真を見せているとする。話し手は感激しつつ，その写真について説明する。

(6) Look at this photograph!
 a. Ed Klima is sitting across the table from me!
 b. *Ed Klima is sitting across the table!

(Langacker（1985: 141))

（写真を説明している）話し手にとって，写真に写っている人たち（すなわち，被写体）はすべて客体である。それゆえ，写真に写っている話し手も me という形で客体化されていなければならない。しかし，(6b) では話し手が客体化されていない。よって，(6b) は不適格となるのである。

話し手の主体化と客体化の違いは日本語にも見られる。次の例を考えてみよう。

(7) （マラソンを走りながら）

a. 私の前には5人もいるのか！

b. 前には5人もいるのか！

(8) （自分がマラソンを走っている写真を友人に見せながら）

a. 私の前には5人もいるが，太郎の前には2人しかいない。

b. *前には5人もいるが，太郎の前には2人しかいない。

この場合，(7b) と異なって (8b) が不自然に響くのは，以下のような理由による。すなわち，(7b) は独り言なので，話し手は必ずしも自己を客体化する必要はないが，(8b) では，話し手は，自分が写っている写真について説明しているので，自己を客体化して「私」と「太郎」を対比する必要がある。しかし，(8b) では，話し手が客体化されていない（すなわち，明示されていない）。よって，(8b) は不自然に響くのである。

今，時枝の言う「場面」を「コンテクスト」と言い換えてみよう。すると，コンテクストには，（聞き手を含む）発話の場，視点，推意（言外の意味），前提，情報の新旧，推論，一般知識（たとえば，人や物の名前）などが含まれる。コンテクストは目に見えない。言語の背後に存在し，表現の支え（もしくは，下地）となり，水面下の意味を作り上げている（澤田(編)(2010-2015)）。モダリティも，場面，すなわち，コンテクスト抜きには解釈できない。

第2章

モダリティの体系から見た英語法助動詞の多義性

1. モダリティの体系—認識的モダリティと根源的モダリティ—

モダリティに関しては，1960年代の後半から，今日までさまざまな分類法が提案されてきた。たとえば，以下の通りである。

(1) ①「認識的」(epistemic) 対「根源的」(root)
②「認識的」対「根源的」対「言語行為的」(speech act) (Sweetser (1990))
③「命題的」(propositional) 対「事象的」(event) (Palmer (1990², 2001²))
④「行為者指向的」(agent-oriented) 対「認識的」(Bybee and Fleischman (1995: 6))
⑤「文的」(sentential) 対「句・語的」(sub-sentential) 対「談話的」(discourse) (Portner (2009))
⑥「認識的」対「効力的」(effective) (Langacker (2013))
⑦「低い」(low) 対「中間」(middle) 対「高い」(high) (Arregui, Rivero and Salanova (2017))

これらの分類法の中で，これまで最もよく知られている分類法が①の「認識的」対「根源的」という二分類である (Hofmann (1966), Jenkins (1972), Coates (1983), Langacker (1991), Brennan (1993), 中野 (1993), Westney (1995), 澤田 (1975, 1993, 1995, 2006, 2012b, 2014a, 2014b), Leech (2004³), Declerck (2011) など参照)。筆者の知る限り，Hofmann (1966) をもってこの二分類の嚆矢とする。

(2) モダリティ＜ 認識的 / 根源的

2. 多義性

従来，とかくその意味が無秩序に記されたきらいのあった英語法助動詞は，1960年代から1970年代にかけて，「認識的」対「根源的」という体系へと分類されはじめた。この分類は画期的であった。というのはmay，must，will，can，should，needなどの個々の法助動詞は，伝統的に，横のつながりを欠いたまま，その意味が各単語ごとに記述されていたにすぎなかったが，実は，すべて「認識的」対「根源的」という体系にまとめ得るということが判明したからである（澤田（1993: 189ff.））。

一般に，認識的意味は，当該の事柄（もしくは，素材，命題内容）全体についてその可能性・真実性を査定したり，推量・推定したりする。それに対して，根源的意味は，語源的意味に近く，当該の事象（しばしば，行為）について，話し手から聞き手への言語行為や，主語の内的特質・外的状況などに関わっている。その意味は，①許可，義務，約束，命令，提案といった言語行為，②意志，能力，習性といった主語の内的特質，さらには，③可能といった外的状況など多くの概念をカバーしている。それら多くの概念の本質を捉え，一般化することを通して，「根源的」と称されたのである。

文法的に言えば，その主語に対して，認識的法助動詞の場合には「選択制限」はないが（すなわち，その主語は，有生（animate），無生（inanimate），非人称のit，存在のthereなどでもよい），根源的法助動詞の場合には，通例，選択制限がある（すなわち，有生に限られ，無生，非人称のit，存在のthereなどは，原則的に許されない)。[1] 下の表は英語法助動詞の意味を「根源的」,「認識的」にまとめたものである (Jenkins (1972: 52ff.) 参照)。

根源的	**認識的**
may (=許可)	may (=可能性・推量)
must (=義務・命令・必要)	must (=必然性・推量)
will (=意志・習性)	will (=予測可能性・推量)
can (=能力・可能・許可)	can (=可能性・推量) (Q/Neg)
should (=義務・妥当)	should (=期待・推量)
need (=必要) (Q/Neg)	need (必然性) (Q/Neg)

表 1　英語法助動詞の根源的意味と認識的意味

以下,具体例を挙げてみよう (R=根源的, E=認識的)。

(1) John *may* go.
 a. 許可 (=R)
  (=ジョンは出かけてもいい)
 b. 可能性・推量 (=E)
  (=ジョンは出かけるかもしれない)

---

[1] 以下の例では,例外的に,根源的な may (=許可), must (=義務・必要) が,それぞれ,無生物主語,非人称の it と共に用いられている。

(i) The Supreme Court decided that suit may be brought against A.T. & T. (Jenkins (1972: 61))
 (最高裁は,AT&T を相手取って訴訟が起こされてよいと決定した)

(ii) It must be five o'clock in this scene. [映画監督の発言] (Antinucci and Parisi (1971: 34))
 (このシーンでは 5 時でなくてはならない)

(2) John *must* sleep in the car.

a. 義務・命令（=R）

（=ジョンは（将来）車の中で寝なければならない）

b. 必然性・推量（=E）

（=ジョンは（ふだん）車の中で寝ているに違いない）

(Jenkins (1972: 52))

(3) John *won't* be at home.

a. 意志（=R）

（=ジョンは（いつも）家にいようとしない）

b. 予測可能性・推量（=E）

（=ジョンは（今は）家にはいないだろう）

(4) He *cannot* be patient.

a. 能力（=R）

（=彼は（性格上）辛抱できない）

b. 可能性・推量（=E）

（=彼が辛抱強いなんてそんなはずはない）

(Declerck (1991: 404))

(5) She *should* be home today.

a. 義務・妥当（=R）

（=彼女は今日は家にいるべきだ）

b. 期待・推量（=E）

（=彼女は今日は家にいるはずだ。）

(6) Tom *need*n't have a good camera.［否定文］

a. 必要（=R）

（=トムはいいカメラを持っていなくてもよい）

b.　必然性（＝E）
（＝トムはいいカメラを持っているとは限らない）

以下に述べるように，上の認識的な例（＝E）において，(2b)，(3b)，(4b)，(6b) に見られるように，強い「推断」を表しているような場合には，事柄（＝命題内容）は，未来の事柄ではなく，現在の事柄に限られているということは注目に値する。

まず第一に，(2b) における認識的 must（＝必然性・推量）は，「ジョンはふだん車の中で寝ているのに違いない」というように，未来の事柄ではなく，現在の事柄についての話し手の推量，すなわち，「現在推量」となっている (e.g. There *must* be something wrong with the engine.（エンジンに何か問題があるのに違いない。）(*LDCE*[4]))。

第二に，(3b) における認識的 will（＝予測可能性・推量）も，「ジョンは（今は）家にはいないだろう」というように，未来の事柄ではなく，現在の事柄についての話し手の推量，すなわち，「現在推量」である (e.g. That *will* be Tim coming home now.（あれはティムが今帰って来るところだろう）(*LDCE*[4]))。

第三に，(4b) における認識的 can't（＝可能性・推量）も，「彼は辛抱強いはずがない」というように，未来の事柄ではなく，現在の事柄についての話し手の推量，すなわち，「現在推量」である (e.g. This *can't* be the right road.（この道が正しい道であるはずがない）(*LDCE*[4]))。

最後に，(6b) における認識的 needn't（＝必然性）も，「トムはいいカメラを持っているとは限らない」というように，未来の事柄ではなく，現在の事柄についての話し手の推量，すなわち，

「現在推量」となっている（e.g. Going to the dentist *need not* necessarily be a painful experience.（(歯の治療は痛いという思い込みに反論して）歯医者に行っても，痛い思いをするとは限らない）（*LDCE*[4]))。

以上のことから，認識的な must/will/can't/needn't などには，次のような条件が課されていることがわかる（Lakoff（1972），Johannesson（1976: 52），Rivière（1981），Langacker（1991），澤田（2006, 2014c, 2016a))。（さらに，第4章4節，本書〈下巻〉第11章2.1節，第14章3節を参照のこと。）

(7)　非未来性条件：
その事柄は，現在時制や過去時制で表されるような現在や過去の事柄でなければならない（すなわち，予測（＝単純未来）の will で表されるような未来の状況であってはならない）。

このことは，たとえば，次の認識的 must の例からも明らかである。

(8)　The picture to the left of the fireplace *must* be a Chagall.　(Johannesson（1976: 51))

Johannesson（1976: 51）が指摘しているように，(8) の must は多義的である。一つの意味は（9a）であり，もう一つの意味は（9b）である。

(9) a.　暖炉の左に絵を飾るとすれば，シャガールでなければならない（＝シャガールしか飾ってはならない）。（＝義務・命令）

b. 暖炉の左に飾ってある絵はシャガールに違いない（＝きっとシャガールだ)。（＝必然性・推量）

(9a) の解釈の場合，絵はまだ飾られてはおらず，どの絵にしたものかと壁を見ながら思案している状況である。一方，(9b) の場合，「暖炉の左に飾ってある絵」とは，発話時点ですでに壁に飾ってある絵にほかならない。

マルク・シャガール『街の上で』

「非未来性条件」は，たとえば，「明日は雨が降るに違いない」は，It *must* rain tomorrow. では表せないことを正しく予測する。「明日雨が降る」という事柄は，*It *rains* tomorrow. のような現在時制では表されない。それは，It *will rain* tomorrow. のように，予測（＝単純未来）の will で表されるような未来の事柄である。It *must* rain tomorrow. は「明日はなんとしても一雨欲しい。雨が降ってくれないと困る。さもないと作物が枯れてしまう」（＝切望）としか解釈できない（たとえば，ひでりに悩む農夫の嘆き）。

では，話し手が，少女の肖像画を見て，以下のように発話したとしよう (Wierzbicka (2003^2: 236–237))．

ヨハネス・フェルメール『真珠の耳飾りの少女』

(10) a. She *must* be very beautiful.
b. She *will* be very beautiful.

この場合，主語の she は誰を指すのだろうか。私たちは，それは，「肖像画の人物」だと解釈しがちである。しかし，実は，モデルになった少女を指す。彼女が美しいからこそ，絵の彼女も美しいのである。そして，(10a) では，この絵からすると，「美しい(の)に違いない」と解釈されるが，(10b) では，「将来（きっと）美しくなる」（=予測）と解釈される。(10a) の must が「将来美しくなるに違いない」と解釈されることはない。こうした解釈も，「非未来性条件」によって支えられている。

認識的 must はなぜ未来の事柄に言及できないのだろうか。澤田 (2006) は，その理由として，「原因推量」を挙げている。原因推量とは，そこに存在する事柄について，その原因を断定する心の働きである。それは未来に生じる事柄の予測ではない。原因推量が未来の事柄に言及できないのはそのためであろう。

では，次のような例は，「非未来性条件」に対する反例となるであろうか。

(11) The ambassador *must* be coming to the banquet.
(Johannesson (1976: 52))
(晩さん会には大使が参加することになっているに違いない)

大使が会場に来ることそのものは明らかに未来の事柄である。しかし，この例は，晩さん会の会場の周辺にものものしい警備がしかれているのを目の当たりにして発話されたと考えるならば，適格となる。すなわち，「ものものしい警備」は「結果」に当たり，「晩さん会には大使が参加することになっている」(The ambassador is coming to the banquet.) という状況が「原因」に当たる。大使が参加するから警備が必要となるからである。この状況は，一見すると，未来の事柄のように見えるが，実は，The ambassador is coming ... の is coming からわかるように，大使の参加に備えた，現在の手筈・段取り (arrangement) である。現在の状況である以上，「非未来性条件」に違反してはいない (本書〈下巻〉第 11 章 2.3 節参照)。

本節の結びとして，上の例 (3b) (＝John won't be at home.) における認識的 will (＝予測可能性・推量) についてコメントしておきたい。この will は，認識的 must と酷似しているが (Leech (2004[3]: 126))，両者の違いは，must が基本的に目に見える (あるいは，聞こえる，手に触れる) 直接的証拠に基づく推論を表しているのに対し，will は，習慣などの間接的証拠に基づく推論を表しているという点にある。Palmer (1990[2]: 57-58, 2001[2]: 28) は，認識的 must を「推論的」(deductive)，認識的 will を「想定的」(assumptive) と呼び，以下のように説明している。

(12)　It's nine o'clock—John *will* be in his office now.
Yes, the lights are on, so he *must* be there.
(Palmer (2001^2: 28))

すなわち，認識的 will の場合，話し手は，ジョンが仕事熱心で，日頃遅くまでオフィスにいることをあらかじめ知ったうえで，「ジョンはこの時間でもたぶんまだオフィスにいるだろう」と予想している。それに続いて，認識的 must の場合，話し手は，オフィスにまだ灯りが灯っているのを見て，「ジョンはやはりオフィスにいる（の）に違いない」と結論したのである。

以下の認識的 will の例も，同じように説明可能である。

(13)　a.　By now they'*ll* be eating dinner.
[時計を見ながらの発話]
b.　That'*ll* be the electrician.
[玄関の呼び鈴が鳴ったのを聞いての発話]
(Leech (2004^3: 86))

(13a) は，彼らがだいたいこの時刻に夕食を食べるということをあらかじめ知った上での発話であり，(13b) はその時間に電気工事の人が来ることを予想していた上での発話である。以下の例でも，will が言及している事柄はすべて，未来ではなく，現在となっている。

(14)　The loud, drawn-out scream of an approaching train was heard. Lombard said:
'*That will be the train now.*'
(近づいてくる列車の大きく，長く伸びた汽笛が聞こえてきた。

ロンバードが「あれが例の列車だろう」と言った)

(A. Christie, *And Then There Were None*)(斜体筆者)

(15) Nobody assenting to this proposition, Mr Davis turned and held up a finger.

'Mustn't delay, then. *Our good host and hostess will be expecting us*,' he said.

(自分の提案に誰も賛同しなかったので,デイヴィス氏は後ろを向いて人さし指を立てた。「それでは,遅れてはなりません。ホテルの主人夫婦がお待ちかねのことでしょうから」と彼は言った)

(A. Christie, *And Then There Were None*)(斜体筆者)

こうした例に見られる認識的 will は,現在の事柄についての,(直接的な証拠ではなく)間接的な証拠に基づく推量を表している。(14) でロンバードが will を用いたのは,まもなく列車が駅に到着することをあらかじめ聞かされていたからであり,また,(15) でディヴィスが will を用いたのは(えたいの知れない謎の人物であるオーエンから)あらかじめ事情を知らされていたからである。

3. 認識的/根源的という二分類の一般性

Sweetser (1990: 49-50) によれば,「認識的」対「根源的」という多義性は,さまざまな言語に見られるという。たとえば,フィリピン諸語,ドラビダ諸語,マヤ諸語,フィン・ウゴル諸語などである。古代語助動詞の「む」や現代語助動詞の「(よ) う」を考えてみただけでも,この多義性は日本語にも存在することがわかる。たとえば,「む」の本義は,「まだ実現していない事柄や不確かな事柄についてそれが実現することを予想したり，不確かな事柄についてそのあり方を想像したりする意を表す」とされるが，主語・述語，あるいは下接語の種類などに応じて,「推量」,「想像」,「意志・決意・希望」,「勧誘・適当・命令」「婉曲・仮定」などの意味に別れる（『日本語文法大辞典』)。たとえば，次の例においては,

(1)　居(を)り明(あ)かしも今夜(こよひ)は飲まむほととぎす明けむ朝(あした)は鳴き渡らむそ　（『万葉集』巻第十八 4068）

3個の「む」が現れている。この歌を,「寝ずに夜を明かしてまでも今夜は飲もう。ホトトギスは夜の明けた朝にはきっと鳴き渡るだろう」(『万葉集（五)』(岩波文庫）p. 49）と解釈するならば，最初の「む」は意志動詞「飲む」に後続して話し手の「意志」を表し，2番目の「む」は無意志動詞「明ける」に後続して「推量」を，そして，3番目の「む」は無意志動詞「鳴き渡る」に後続して「推量」を意味していると解釈される（時枝（1954: 170))。すると，最初の「む」は根源的に，後の2つは「認識的」に分類可能である。

(2)　**根源的（R)**　　**認識的（E)**
　　む（＝意志)　　む（＝推量)

以下の例からわかるように,「根源的」,「認識的」という多義性は，現代語の「(よ）う」にも存在する。

(3) a.　今日はこのまま家に帰ろうよ。
　　b.　今日は暑くなろう。

同じ「う」でも，(3a) の「帰ろう」の「う」は意志を，(3b) の「なろう」の「う」は推量を表している。前者の「う」は根源的であり，後者の「う」は認識的である。

「認識的」対「根源的」という体系は，事柄を捉える場合の捉え方として，それを（判断・推量の産物として）「あるがままに」捉えるのか，あるいは，それを（意志や能力の産物として）「あるべきものとして」捉えるのか，という二つの捉え方を反映している。後者の場合，その事柄はある種の力（意志や能力）によってもたらされ，生み出されるものである。

4. 認識的モダリティと根源的モダリティの違い

英語法助動詞の解釈にとって重要なことは，「認識的用法」と「根源的用法」との間には振る舞いの違いが存在するということである。以下，4 点挙げてみよう。

4.1. ボイス性（能動態／受動態）とモダリティ

第一に，次の原則がある。

(1) ボイス性の原則：
事柄が能動態から受動態に変換された場合，法助動詞の意味が認識的である場合には大きな意味の変化はないが，根源的である場合には，意味が変わったり，非文になったりする。

次の例で，(2a) は能動文，(2b) は受動文であるが，意味は同じではない。

(2) a. John *won't* confess to the crime. ［意志 (R)／予測］
(＝ジョンは頑として罪を認めようとしない／ジョンは罪を認めはしないよ)

b. The crime *won't* be confessed to. ［*意志 (R)／予測］
(＝*その罪は頑として認められようとしない／その罪は認められはしないよ)

(Jenkins (1972: 53))

受動文 (2b) が，根源的意味 (＝意志) において不適格になるのは，will (＝「意志」) の主語は無生 (inanimate) であってはならないからである。しかしながら，(2b) が予測 (＝単純未来) であれば，(2a) に準じて適格である。

さらに，以下の例を見られたい。

(3) a. The doctor *may* examine John.
［許可 (R)／可能性・推量 (E)］
(＝その医者はジョンを診察してもよい／その医者はジョンを診察するかもしれない)

b. John *may* be examined by the doctor.
［許可 (R)／可能性・推量 (E)］
(＝ジョンはその医者に診察してもらってもよい／ジョンはその医者に診察してもらうかもしれない)

(Jenkins (1972: 43-44))

根源的意味 (＝許可) の場合，許可は，(3a) では医者に，(3b) ではジョンに与えられている。一方，認識的意味 (＝可能性・推量) の場合，(3a) と (3b) の間には，誰に許可を与えるかといった違いは存在しない。

なお，興味深いことに，根源的意味の場合，ある事柄全体について許可や可能性が一般的に述べられている場合と，（主語が話題化されて）主語の持つ許可や能力などについて述べられている場合とに多義的となる場合がある。Jenkins（1972: 43-44）によれば，根源的意味の may（＝許可）には，次のような「一般的な」(general) 解釈も存在するという。

(4) The doctor *may* examine John.
（＝その医者がジョンを診察すること自体は許されている）

「一般的な」解釈とは，特定の人物がある行為をすることが許可されているのではなく，ある事柄全体（＝行為そのもの）が許可されているという意味である。事柄全体が問題になっているという意味では，こうした「一般的な」解釈は認識的意味に一歩近づいていると見られる。

一般に，can の「能力」と「可能」の意味に関して，主語が有生であれば「能力」に，そうでなければ「可能」の意味になりやすいとされるが，以下の例からわかるように，このことは当該の文が能動文であるか，受動文であるかに直接関係している。

(5) a. Doctors *can* cure this disease only if the patient is not too old.
(医者は，患者が年を取りすぎてはいない場合にしかこの病気を治すことはできない)（＝医者の能力）

b. This disease *can* only be cured if the patient is not too old.

((一般に言って) この病気は，患者が年を取りすぎていない場合にしか治すことはできない) (＝一般的な可能性)

(Declerck (1991: 390–391))

(6) a. (Even) young children can play this game.
(幼い子供でさえもこのゲームをすることができる) (＝子供の能力)

b. This game can be played by young children.
(このゲームは幼い子供にでもできる) (＝一般的な可能性)

(Leech (2004[3]: 75))

これらの例で，(5a), (6a) は主語 (医者，子供) の能力について述べており，事柄が受動態で表された (5b), (6b) は事柄全体についての一般的な可能性について述べている。

4.2.　推論性とモダリティ

第二に，次の原則がある。

(1) 推論性の原則：
認識的意味の場合，概念主体 (通例，話し手) は，ある事柄の可能性について推論 (もしくは，弱く主張) しているが，根源的用法の場合にはそうではない。

認識的モダリティの志向対象となる素材は，英語で言えば，that節によって表されるような事柄 (もしくは，命題内容) である。概念主体は，この事柄について単にイエスかノーかで断言するのではなく，断言を避けて，推量・推測している。当該の事柄には，過去の事柄もあれば，現在の事柄もあり，また未来の事柄もあり得る。すなわち,「昨日太郎が来た」,「さっきから花子が本を読んでいる」,「明日は雨になる」と考えたり,判断したりすることはごく自然なことである。こうした事柄は,概念主体の思考・判断の産物であり,「〜は…だ(った)」という,時制を持つ命題によって形作られている。英語で,John may be asleep now.(ジョンは今眠っている(の)かもしれない)という時,話し手は,認識的 may を用いて,(that) John is asleep now(ジョンは今眠っている)と思考・判断したのである(=*It may be that* John is asleep now.)。

一方,根源的モダリティの志向対象となる素材は,英語で言えば,不定詞節によって表されるような類の事柄である。当該の事柄(とりわけ,行為)について,許可,義務・必要,意志,能力・可能,習性,約束,命令,提案などが表されているのである。こうした事柄は,基本的に,概念主体の(意志・能力をはじめとする)「力」の産物でなくてはならず,厳しい制約が課せられている。たとえば,「昨日太郎が来た」,「さっきから花子が本を読んでいる」などの,既に実現済みの事柄や「あの山は険しい」,「今年の冬は寒くなる」などの,「力」の関与しない事柄は排除される。

(1) の「推論性の原則」に基づくならば,以下の (2)-(7) の例(以下,特に断らないかぎり,Leech (2004[3]) から)はすべて認識的に解釈され,根源的に解釈されることはない。

(2) may(=可能性・推量 (E)/*許可 (R))

a. She *may* have been asleep.

(彼女は眠っていたのかもしれない)

b. I *may* be going to Hawaii in July.

（7月にはハワイに行くことになるかもしれない）

（Murphy（2009[3]））

［注意：可能性・推量の内容は，I will be going to Hawaii in July.（私は7月にハワイに行くことになる）（＝ことの成り行き）である］

（3）　must（＝必然性・推量（E）／*義務・命令・必要（R））

a.　He *must* have misunderstood you.

（彼はあなたを誤解していたのに違いない）

b.　I *must* be dreaming.

（私は夢を見ているのに違いない）

（4）　have to（＝必然性・推量（E）／*義務・必要（R））（＝…に決まっている）

You *have to* have been in a coma.

（あなたはこん睡状態にあったに決まっている）

（5）　will（＝予測可能性・推量（E）／*意志・習性（R））

a.　They *will* have read your letter by now.

（彼らはすでにあなたの手紙を読んでいることだろう）

b.　Don't phone him yet—he *will* still be eating his breakfast.

（まだ彼に電話をするな。彼はまだ朝食を食べている最中だろうから）

（6）　should（＝期待・推量（E）／*義務・妥当（R））（＝…はずだ）

Roses *should* grow pretty well in this soil.

（この土壌ではバラはかなりよく育つはずだ）

［注意：推測・期待の内容は，通常好ましい内容に限られるため，?*Roses *should* grow badly in this soil.（この土壌では

バラは育ちが悪いはずだ）は不適格となる（Leech（2004[3]: 102））］

(7) need（＝必然性 (E)／*必要 (R)）（＝（否定）… とは限らない）
It *needn't* always be my fault.
（それは必ずしも私のせいだとは限らない）

上の例においては，法助動詞を除いた部分，すなわち，事柄は，話し手の思考・判断の産物である。それは，「〜は … だ（った）」という，時制を持つ命題によって形作られている。

この点を次の実例（クリスティ『オリエント急行殺人事件』第 2 部第 3 章「召使の証言」から）によって確かめてみよう。国際列車オリエント急行は，厳寒の季節，ユーゴスラヴィアの山中で大雪のため立往生した。ラチェットというアメリカ人の老富豪が深夜，個室で何者かに刺殺されているのが発見された。12 ヵ所の刺傷があった。ドアは内側から鍵が掛かっていた。たまたまこの列車に乗り合わせていたポアロは，事件を解決すべく乗客全員から事情聴取する。下の会話では，ポアロが，ラチェットの召使であるマスターマンに，「あなたがラチェット氏を最後に見たのは何時でしたでしょうか？」と問いかけている。

(8) 'Will you now tell me, please, at what hour you last saw M. Ratchett?'
The valet considered.
'*It must have been about nine o'clock, sir, last night*. That or a little after.'
(A. Christie, *Murder on the Orient Express*)（斜体筆者）

https://www.popsugar.com/entertainment/Murder-Orient-Express-Book-Spoilers-43494496
（パラマウント映画『オリエント急行殺人事件』（1974年，イギリス映画，シドニー・ルメット監督）の一シーン。ポアロが乗客全員と話している。）

斜体部は，「昨夜の9時ごろだったに違いありません」と解釈できる。ここで，話し手が認識的 must を用いたのは，「昨夜の9時ごろでした」と断言しなかった（あるいは，したくなかった）からである。must を除いた部分，すなわち，事柄（=It was about nine o'clock last night.）は，話し手の思考・判断の産物であり，過去時制を持つ命題によって形作られている。

では，「推論性の原則」には，反例はないのであろうか。以下，いくつかの事例を検討してみよう。

第一に，次の例では，法助動詞に完了形が後続しているものの，根源的に解釈される。それは，その事柄が非実現や未実現のものであるからである（澤田（2014c: 308-309））。

(9)　John *could have* finished the job.
（ジョンは，その仕事を終えることもできたのになあ（しかし，彼は終えなかった））

(10) To study in a university, you *must* have graduated from a senior high school.
(大学で勉強するためには，高校を卒業してしまっていなくてはならない)

換言すれば，上の例においては，すべて，法助動詞を除いた部分，すなわち，事柄は，話し手の思考・判断の産物ではない。それは，「～は…だ（った）」という，過去時制を持つ命題の形でパラフレーズできない。よって，反例とはならない。

一方，次のような例は，①「あなたは試験に通ったはずだ」(＝期待・推量）と②「あなたは試験に通るべきだったのに」(＝義務・妥当）とに多義的である。

(11) You *should have* passed the exam.

しかし，①の場合にのみ，should を除いた部分，すなわち，事柄（＝You passed the exam.）は，話し手の思考・判断の産物であり，過去時制を持つ命題の形でパラフレーズ可能である。

第二に，「needn't＋完了形」構文（＝…しなくてもよかったのに）(＝不必要）はどうであろうか。

(12) Did you buy these chocolates for me? Oh, you *needn't* have done that. (Declerck (1991: 389))
(これらのチョコレート，私のために買ってくれたの？ ああ，そこまでしなくてもよかったのに)

この例では，needn't を除いた部分，すなわち，事柄は，「あなたが私のためにこれらのチョコレートを買ってくれた」(you bought these chocolates for me.）であり，それは，過去時制を持つ命題の形でパラフレーズ可能であるものの，話し手の思考・判断の産物とは言えない。すなわち，それは，話し手の思考・判断ではなく，「前提」を表している。話し手はその前提に対して，「それは余計なことであった」という，否定的な評価を下しているのである。よって，反例とはならない。

第三に，以下の感情的 should の例はどうであろうか。

(13) I'm surprised that she *should* have failed the exam.
（彼女が試験に落ちたなんて驚いた）（Declerck (1991: 422)）

(13) における「彼女が試験に落ちたこと」(she failed the exam.) は事実ではあろうが，話し手は，should を除いた部分，すなわち，事柄について，それは心理的・感情的に受け入れ難いこと，理解し難いこと，信じ難いことであると述べている。その事柄は，過去時制を持つ命題でパラフレーズ可能であるものの，話し手の思考・判断の産物とは言えない。すなわち，それは「前提」を表している。話し手はその前提に対して，「それは受け入れ難いこと，信じ難いことである」と捉えているのである。よって，反例とは言い難い（より詳しくは，本書〈下巻〉第10章参照）。

4.3. 条件性とモダリティ

第三に，次の原則がある（澤田 (1993: 201ff.) 参照）。

(1) 条件文の原則：
助動詞が認識的意味の場合，原則として，いわゆる「内容条件文」(content conditionals)（=「将来…したら」）

の if 節の中には生じない。

以下の例を見てみよう。

(2) If John *must* take drugs, I will give him the money for them.

a. 義務・必要 (=R)

(=もしジョンが薬を飲まなければならなくなったら，私は彼にそのお金をあげよう)

b. *必然性・推量 (=E)

(=もしジョンが薬を飲んでいるに違いないのだったら，私は彼にそのお金をあげよう)

(Jenkins (1972: 53))

(3) If John *may* be examined by the doctor tomorrow, I will be eternally grateful.

a. 許可 (=R)

(=もしジョンが明日その医者に診察してもらってもよくなったら，私はいつまでも感謝します)

b. *可能性・推量 (=E)

(=もしジョンが明日その医者に診察してもらうかもしれなくなったら，私はいつまでも感謝します)

(Jenkins (1972: 177))

上で問題にしたのは，いわゆる「内容条件文」である。このタイプの条件文ではなく，いわゆる「認識的条件文」(epistemic conditionals) (=「…というのなら」) というタイプ (もしくは，「伝聞」タイプ) の条件文においては，if 節中に自由に認識的法助動詞が生起し得ることに注意しなければならない（Sweetser（1990），Dancygier（1998），澤田（2006, 2014c））。次例参照。

(4) If it *may* rain today, we'd better buy rubbers.　(=E)
（今日は雨になるかもしれないというのなら，長靴を買わないと大変なことになるよ）

(5) If he *might* object, I won't ask him.　(=E)
（彼が反対するかもしれないというのなら，彼に頼むのはやめにしておこう）

(6) If John *must* know the answer, why don't you ask him?　(=E)
（ジョンが答えをすでに知っているに違いないというのなら，彼に聞いてみたらどう？）

(Jenkins（1972: 186））

この理由は，if 節の内容は，相手が述べた内容をエコーしているからである（if=「... というのなら」）。換言すれば，これら，認識的条件文（すなわち，「伝聞」タイプの条件文）においては，if 節中に相手の発話・思考の内容が埋め込まれている。そして，主節は現在時における話し手の心的態度や言語行為が表されている。たとえば，(4) の had better は相手に対する警告を，(5) の won't は話し手の拒絶を，(6) の why don't you は提案を表している。いずれにおいても，視点は，未来の事柄ではなく，現在の心的態度や言語行為にある。この点は，内容条件文（=予測タイプ）と認識的条件文（=伝聞タイプ）との顕著な違いである。

次の例からわかるように，予測（=単純未来）の will は内容条件文（予測タイプ）の if 節の中には含まれないが，認識的条件文

(伝聞タイプ) の if 節の中には含まれる。(7) の場合, 主節の just let us know は依頼の言語行為を表している。また, (8) の場合, (8a) と違って, (8b) では, 主節は現在時制 (there is no point ...) であり, 話し手の現在の心的態度・言語行為 (=「無意味だ, やめにしておこう」) を吐露していることに注意されたい。

(7) If you'*ll* be alone at the New Year, just let us know about it. (Leech (2004[3]: 64))
(あなたがお正月に一人ボッチになりそうだというのなら, 事前に (今, あるいは少なくともお正月までに) 連絡してくださるだけでいいですよ)

(8) a. If he *doesn't* arrive before nine, we'll have the meal without him.
(彼が 9 時までに到着しなかったら, 彼がいなくても私たちだけで食事をする)

b. If he *won't* arrive before nine, there is no point in ordering for him.
((あなたが言うように) 彼が 9 時になるまで到着しないというのなら, 彼のために食事を注文しても意味がない (やめにしておこう))

(7) や (8b) が適格であることから, 予測 (=単純未来) の will には, (1) の「条件文の原則」という点から見て, (4)–(6) の「推量」の may, might, must と共通する面があることがわかる (さらに, 本書〈下巻〉第 11 章 3 節参照)。

4.4. 否定のスコープとモダリティ

4.4.1. はじめに

第4に，次の原則がある（澤田（1975），澤田（1993: 196-197）参照）。

(1) 否定のスコープ（作用域）の原則：
否定のスコープは，根源的意味の場合には，事柄にも，モダリティにも及ぶが，認識的意味の場合には，原則としてモダリティには及ばない。

否定の方向は，モダリティ否定の場合には前に，事柄否定の場合には後に向かう。

4.4.2. 根源的モダリティと否定

まず，根源的意味（=R）のデータを調べてみよう。注意すべきことは，否定辞 not のスコープは，モダリティ否定の場合には前の法助動詞にかかり，事柄否定の場合には後ろの動詞にかかるということである（澤田（2006: 273ff., 2014b: 163ff.））。

(1) モダリティ否定：
a. John *may not* [come]. ［許可］
（ジョンは来てはならない）
b. John *cannot/can't* [come]. ［能力・可能・許可］
（ジョンは来ることはできない）
c. John *needn't* [come]. ［必要］
（ジョンは来なくてもいい（来る必要などない））

(2) 事柄否定：

a. John *may* [*not* come]. ［許可］
（ジョンは来なくてもいい（来ないことを許そう））

b. John *can* [*not* come]. ［可能・許可］
（ジョンは来ないこともできる）

c. John *must*[*n't* come]. ［義務・命令・必要］
（ジョンは来てはならない（私は彼が来ないように命令する））

d. John *should*[*n't* come]. ［義務・妥当］
（ジョンは来るべきではない）

上のデータから，① may/can はモダリティ否定と事柄否定の両方の場合がある，② must/should は事柄否定の場合しかない，③ need はモダリティ否定の場合しかない，ということがわかる（De Haan（1997: 60）参照）。なお，(2a), (2b) は事柄否定なので，「来なくてもいい」（すなわち，「来ない」ことが許される，あるいは，「来ない」ことができる）といった意味になる。

では，なぜ，must（=「義務・命令」）や should（=「義務・妥当」）はモダリティ否定とならないのであろうか。これは，「…してはいけない」（「いい」というモダリティを否定），「…べきではない」（「べき」というモダリティを否定）といった日本語からすると，不思議な現象である。次の例を見られたい（例は Thomson and Martinet (1986[4]) から）。

(3) 店の掲示：Staff *must not* smoke when serving customers.

(4) They *shouldn't* allow parking here; the street is too narrow.

(Thomson and Martinet (1986[4]))

(3), (4) は，それぞれ，「店員は喫煙しながら接客してはないけない」,「ここに駐車させるべきではない」という意味である。

重要なことは，(3) や (4) の表す法や道徳の世界は規範的・規制的な世界であり，そこでは法律（規則）や道徳の力の行使が前提とされている。法や道徳に「力」があることは，それらを無視したり，破ったりすると制裁や罰則が課されることからもわかる。must（=「義務・命令・必要」）や should（=「義務・妥当」）がモダリティ否定にならないのは，（前提とされている）「強い力」の行使を否定したり，阻止したりすることはできないからだと説明できよう（さらに，第6章参照）。

4.4.3. 認識的モダリティと否定

次に，認識的意味（=E）のデータに移ってみたい。

(1)　モダリティ否定：

a.　John *needn't* [be there now].　［必然性］
（ジョンは必ずしも今そこにいるとは限らない）

b.　John *can't* [be there now].　［可能性・推量］
（ジョンは今そこにいるはずがない）

(2)　事柄否定：

a.　John *may* [*not* be there now].　［可能性・推量］
（ジョンは今そこにはいないかもしれない）

b.　John *will* [*not* be there now].　［予測可能性・推量］
（ジョンは今そこにはいないだろう）

c. (*) John *must* [*not* be there now].　［必然性・推量］
（ジョンは今そこにはいないのに違いない）

d. John *should*[*n't* be there now]. ［推測・期待］

（ジョンは今そこにはいないはずだ）

上のデータから，認識的法助動詞においては，圧倒的に事柄否定であることがわかる。否定のスコープはモダリティに及んでいない。この制約を，Coates（1983: 244）は「認識的モダリティ不可侵性の原理」(Principle of the Inviolability of Epistemic Modality）と称した。

しかしながら，(1）の場合には，否定のスコープは認識的モダリティに及んでいる。よって，(1）の例は「認識的モダリティ不可侵性の原理」の例外である。その理由は，needn't や can't が，反論，反駁といった否定的な言語行為を表すからであろう。

ここで，とりわけ（2c）に注意されたい。この例の must not は，「禁止」ではなく「…でないに違いない」という否定推量（＝認識的モダリティ）を表しており，イギリス英語ではまだ一般的とは言い難いが，特にアメリカ英語では地歩を固めつつあるとされる (Tottie (1985)，澤田 (2006: 273ff.))。次例参照。

(3) John *must not* have read the instruction booklet. He is making so many mistakes. (Tottie (1985: 95))

（ジョンはこの仕様書を読まなかったのに違いない。(というのは）彼はとても多くのミスをしているから）

(4) 'Ma'am, you *must not* be feeling good,' one of the guards said good-naturedly.

(P. Cornwell, *Point of Origin*)（斜体筆者）

(「奥さん，あなたはきっと体調がよくないんですね」ガードマンの一人がやさしく言った）

では，なぜ，認識的 may/must/should/will（=可能性，必然性，推測，推量）のモダリティは否定されないのだろうか。換言すれば，モダリティ否定とならないのであろうか。この問題について，認識的 may（=「可能性・推量」）を通して考えてみたい。

次の例（クリスティ『ロジャー・アクロイド殺害事件』第10章から）は，ポワロがシェパード医師に向かって述べた発話である。問題は may not である。後に過去を示す完了形が来ていることから考えて，この may は認識的（=「可能性・推量」）である。すなわち，「あの時あなたは気づかなかったかもしれない」（=命題否定）と解釈される。決して，「あの時あなたが気づいた可能性はない」（=モダリティ否定）と解釈されることはない。

(5)　'You *may not* have noticed it at the time, my good friend, but there was one person on this list whose alibi had no kind of confirmation. Ursura Bourne.'

(A. Christie, *The Murder of Roger Ackroyd*)（斜体筆者）

なぜ，認識的 may（=「可能性・推量」）は，否定の影響という点で不可侵なのであろうか。

重要なことは，主観的な認識的モダリティの場合には，話し手の判断や思考の「力」の表出が前提とされているということである。こうした認識的な「力」の遂行が前提となっている以上，話し手の判断や思考そのものは否定されることはない。認識的 may/must/should/will（=可能性，必然性，推測，推量）にモダリティ否定の可能性がないのはこのためであろう（澤田（1993）参照）。

以上の分析を次の否定文で検証してみよう（澤田（2006: 177）参照）。

(6) *Nobody may* eat the cake.

この文は，主語が否定語なので，（構成素否定ではなく）文否定である。そして，may は認識的（＝可能性・推量）と束縛的（＝「許可」）とに多義的である。解釈としては，(A)「誰もそのケーキを食べてはいけない」（＝「不許可」（＝束縛的）），(B)「誰もそのケーキを食べないかもしれない」（＝「否定的可能性」（＝認識的）），(C)「誰もそのケーキを食べる可能性はない」（＝「不可能性」（＝認識的））のうち，(C) の意味に取ることはできない。自然な解釈は断然 (A) である。(B) の解釈については，ほとんどの母語話者は否定する。重要なことは，たとえ (B) の解釈が認められるとしても，その場合，may（＝「可能性・推量」）は事柄否定でしかあり得ないということである。

では，次の例はどうであろうか。この場合の may は束縛的（＝「許可」）であり，下線部は「ジャーナリスト以外は誰も通行が許されない（レバノン軍の検問所）」というふうに，モダリティ否定と解釈される。

(7) To the north, less than a mile away, lies the Lebanese army checkpoint which *none but journalists may* pass.
(COBUILD on CD-ROM)

さらに，次の例を考えてみよう。

(8) *Nothing may* be more controversial than modern art and architecture, ... (*Times*, Jan.1995)

この場合の may は認識的（＝「可能性・推量」）である。それゆえ，この文は，「現代美術・建築ほど論争の的になるものはないかもしれない」と，事柄否定的にしか解釈されない。

4.4.2 節と 4.4.3 節の議論から明らかなことは，次の観察である。

(9) must や should は根源的意味であれ，認識的意味であれ，否定のスコープに含まれない。

この点は，may や can などと比較すると極めて興味深いことである。では，上の観察 (9) は，次のような should（=「仮定法現在代用」）と should（=「感情」）（... なんて）についても当てはまるであろうか。

(10) It is important that you *should not* touch the body before the police have arrived.
(君は，警察が到着するまでこの死体に触れないことが肝要だ)

(11) It's a shame that we *should not* have thought of this before.
(私たちがこれまでこのことに思い至らなかったなんて恥ずかしいかぎりだ)

(Declerck (1991: 420))

(10) と (11) の例においては，事柄は，それぞれ，「君が警察が到着するまでこの死体に触れないこと」，「私たちがこれまでこのことに思い至らなかったこと」である。すなわち，モダリティ否定ではなく，事柄否定となっている。それゆえ，観察 (9) は (10)-(11) の例についても成り立っていると結論づけることができる。

第3章

モダリティの拡大と深化

1. Palmer による分類

1990年代以降のモダリティの分類法として Palmer（1990^{2}, 2001^{2}）がある。Palmer はモダリティを「命題的」と「事象的」に大別した（「事象的」は「根源的」に相当する）。

(1)　モダリティ < 命題的 / 事象的（＝根源的）

Palmer は，「命題的」を「証拠的」と「認識的」に，「事象的」を「束縛的」と「力動的」に下位分類した。さらに，「束縛的」は「許可的」，「義務的」，「約束的」に下位分類される（詳しくは澤田（2006: 41）参照）。

(2)

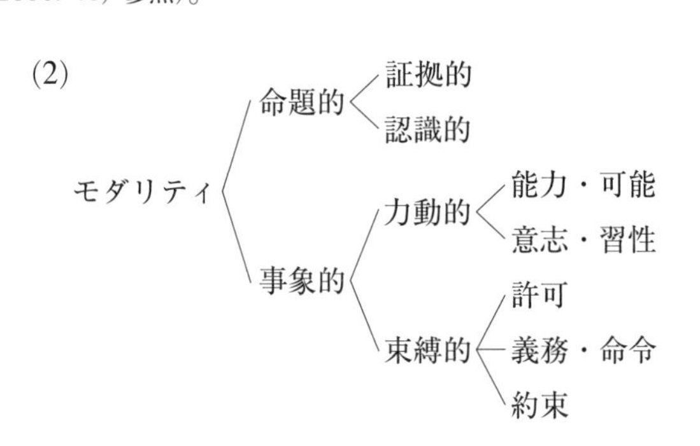

「命題的」(propositional) とは，「命題に関する話し手の判断に関わるもの」であり，「事象的」(event) とは「起こり得る事象に対する話し手の態度を表すもの」(Palmer (2001^{2}: 7-8)) である。さらに，「証拠的」(evidential) とは，「命題の真実性を裏付ける証拠に関するもの」(Palmer (2001^{2}: 8)) であり，「認識的」(epistemic) とは，「その命題が事実であるかどうかに関する話し手の

判断を表すもの」(Palmer (2001^2: 24)) である。さらに,「力動的」(dynamic) とは,「その事象を引き起こす要因が主語の内 (たとえば, 能力, 意志, 習性, 内的欲求など) にあるもの」(Palmer (2001^2: 70)) であり,「束縛的」(deontic) とは,「その事象を引き起こす要因が主語の外 (たとえば, 話し手の権力) にあるもの」(Palmer (2001^2: 70)) である (この場合の「束縛的」には,「義務」だけでなく,「許可」や「約束」なども含まれる)。

上で述べたように,「証拠的」とは,「命題の真実性を裏付ける証拠に関するもの」とされるが, このモダリティはアメリカの先住民族の諸言語やパプアニューギニアの諸言語に存在すると言われている (詳しくは, Palmer (2001^2: 35ff.))。Palmer は, 証拠的モダリティを次のように大別している。

(3) 証拠的モダリティ＜ 報告的 (reported) (噂など)
　　　　　　　　　　　感覚的 (sensory) (視覚／聴覚)

証拠的モダリティと認識的モダリティの違いは紙一重である。この区別によれば, たとえば, 日本語助動詞の「ようだ」は多義的と言える。すなわち,「伝聞」の場合は証拠的モダリティの「報告的」に,「推量」の場合は認識的モダリティに属する。

(4) a. 6月5日の『朝日新聞』によると, ロンドンでテロがあったようだ。[証拠的]
　　b. 劇場から多くの人々が逃げ出してきた。パトカーも到着した。どうやら劇場の中で何か事件があったようだ。[認識的]

Palmer (1990^2: 12) によれば, ドイツ語などと異なって, 英語の法助動詞には証拠的モダリティはない。よって，証拠的モダリティは法副詞 allegedly（＝聞くところでは）や動詞 allege によって例示しておくことにする。

(5) 証拠的

a. His van *allegedly* struck the two as they were crossing a street.
（彼のバンが道路を横断している２人をはねたとのことだ）

b. *It was alleged that* the restaurant discriminated against black customers.
（そのレストランは黒人の客を差別するとうわさされていた）
(*COBUILD*[7])

上述したように，英語の法助動詞が表すモダリティは多義的である。以下，主な多義性を確認しておきたい（例は特に断らない限り，Leech (2004[3]) から)。

第一に，may は，認識的（＝可能性・推量)，願望的（＝祈願)，束縛的（＝許可)，束縛的（＝依頼）などに解釈できる。

(6) a. Don't wait for me—I *may* be a few minutes late.
（私を待たないで。2，3 分遅れるかもしれないから）
［認識的］（＝可能性・推量）

b. *May* he never set foot in this house!
（彼が二度とこの家に足を踏み入れませんように！）
［願望的］（＝祈願）
［注意：may（＝「祈願」）は否定のスコープに含まれない (Leech (2004[3]: 77))］

c. If you wish to consult another doctor, you *may* do so.
(別の医者に見てもらうことをお望みなら，そうなさってもかまいません)［束縛的］(＝許可)

d. *May* I have the salt, please?
(塩を取っていただいてもいいでしょうか？)
［束縛的］(＝依頼)

ここで，興味深いことは，以下の例に示されているように，認識的（＝可能性・推量）の may には，しばしば，恐れ，不安，心配などの心的態度が含まれていることである。

(7) a. Careful, that gun *may* be loaded.
(注意して。その銃には弾が込められているかもしれないよ)
［認識的］(＝可能性・推量)

b. You *may* lose your way if you don't take a map.
［認識的］(＝可能性・推量)
(地図を持って行かないと道に迷うかもしれないよ)

これは偶然ではないように思われる。なぜなら，「わからないこと」は，恐れ，不安，心配につながるからである。

第二に，must は，認識的（＝必然性・推量），力動的（＝内的欲求），束縛的（＝義務・命令）などに解釈できる。

(8) a. Her head is hot and clammy: she *must* have a temperature.
(彼女の頭は熱くて湿っぽい。熱があるのに違いない)
［認識的］(＝必然性・推量)

b. If you *must* smoke, use an ash-tray.
(どうしてもタバコを吸わずにおれないというのなら，灰皿を使いなさい)［力動的］(＝抑え難い欲求)

c. You *must* be back by 10 o'clock.
(あなたは10時までに戻りなさい)
［束縛的］(＝(話し手の課す) 義務・命令)

d. Old people *must* be treated with sympathy and understanding.
(お年寄りには同情と理解でもって接することが必要だ)
［束縛的］(＝必要)

(Leech (2004[3]: 79))

e. It *must* start raining soon. (Johannesson (1976: 54))
(雨が降り始めてくれないと困ったことになる)
［束縛的］(＝切望)

では，以下の例 (クリスティ『そして誰もいなくなった』エピローグから) で何度も繰り返されている must は，「束縛的」(＝義務・命令) であろうか，それとも「力動的」(＝抑え難い欲求) であろうか。前者ならば，外的であり，後者ならば内的である。

(9) I have wanted—let me admit frankly—*to commit a murder myself.* I recognized this as the desire of the artist to express himself! I was, or could be, an artist in crime! My imagination, sternly checked by the exigencies of my profession, waxed secretly to colossal force.

I must—I must—I *must* commit a murder! And

what is more, it must be no ordinary murder!

(A. Christie, *And Then There Were None*)（斜体原文）

この場面で，ウォーグレイヴ元判事は，自分の中に人を殺したいという抑え難い願望があることを告白している。彼は想像の中で，芸術家よろしく殺人を犯して一人楽しんできたというのである。こうした想像は，判事という職業の切迫した状況ゆえに厳しく抑えこまれていたものの，今や抑えきれないほどに密かに膨れあがってきた。この場面では，must が3回も使われている（最後の must には強勢が置かれている）。このことは，彼がいかにその衝動に突き動かされているかの証左であろう。これらの must は，「力動的」（＝抑え難い欲求）と解釈される。

第三に，will は，認識的（＝予測可能性・推量），力動的（＝意志・習性），束縛的（＝命令），束縛的（＝依頼）などに解釈できる。

(10) a. They'*ll* have arrived home by now.
（彼らは今頃家に着いていることだろう）
[認識的]（＝予測可能性・推量）

b. A lion *will* attack a humen being only when hungry.
（ライオンは空腹の時しか，人を襲ったりしないものだ）
[力動的]（＝習性）

c. He *will* go swimming in dangerous waters.
（彼は危険な川で泳ぐといって聞かない）[力動的]（＝頑固）

d. You *will* do as I say.
（君は私の言うとおりにするんだ）[束縛的]（＝高圧的命令）

e. Liz, *will* you do me a favor?　(Murphy (2000^2: 68))
（リズ，お願いがあるんだけど？）[束縛的]（＝依頼）

第四に，can は，認識的（＝可能性・推量），力動的（＝能力・可能），束縛的（＝許可），束縛的（＝依頼），束縛的（＝申し出）などに解釈できる。

(11) a. She *can't* be working at this hour!
(彼女がこんな時間に仕事をしているはずがない)
[認識的]（＝可能性・推量）

b. Paula *can't* sing, but she *can* play the guitar.
(ポーラは歌えないが，ギターを弾くことはできる)
[力動的]（＝能力）

c. You *can* stay here as long as you like.
(あなたは好きなだけここにいてもかまいません)
[束縛的]（＝許可）

d. *Can* you wait a minute, please? (Murphy (2000^2: 68))
(ちょっと待ってくれませんか？)
[束縛的]（＝依頼）

e. "*Can* I get you a cup of coffee?" "Yes, that would be very nice." (Murphy (2000^2: 68))
(「コーヒーはいかがですか？」「どうもご親切に」
[束縛的]（＝申し出）

第五に，should は，認識的（＝期待・推量），感情的（＝驚き），束縛的（＝義務・妥当）などに解釈できる（感情的 should に関する詳しい議論については，本書〈下巻〉第 10 章参照）。

(12) a. Our guests *should* be home by now.
(お客さんたちは今頃家に着いているはずだ)

[認識的]（＝期待・推量）

b. I'm surprised that your wife *should* object.

（あなたの奥さんが反対するなんて驚いた）

[感情的]（＝驚き）

c. Milo *should* pay for the broken window.

（マイロは壊した窓ガラスの弁償をするべきだ）

[束縛的]（＝義務・妥当）

第六に，need は，認識的（＝必然性），束縛的（＝必要）などに解釈できる（詳しくは，本書〈下巻〉第13章参照）。

(13) a. It *needn't* always be my fault.

（それは必ずしも私のせいだとは限らない）

[認識的]（＝必然性のなさ）

b. You *needn't* pay that fine.

（あなたは，そんな罰金など払わなくてもいいよ）

[束縛的]（＝必要のなさ）

第七に，shall は，力動的（＝意志），束縛的（＝約束），束縛的（＝規則），束縛的（＝申し出）などに解釈できる。

(14) a. I *shall* inform you if the situation changes.

（状況が変わったらご連絡をいたします）

[1人称主語][力動的]（＝意志）

b. You *shall* stay with us as long as you like.

（あなたはすきなだけ私たちのところにいさせてあげるよ

（2, 3人称主語（子供やペットなど））[束縛的]（＝約束）

c. The President *shall* be Commander-in-Chief of the

Army and Navy of the United States.
(大統領は合衆国陸海軍の最高司令官となる (合衆国憲法))
[束縛的] (=規則)
(『小学館プログレッシブ英和中辞典』(第 3 版))

d. *Shall* I carry your suitcase?
(あなたのスーツケースを運んであげましょうか？)
[束縛的] (=申し出)

2. より細かなモダリティ分類に向けて

2.1. はじめに

本節では，Palmer による体系には収まりきらない，より微細なモダリティの種類を挙げてみたい。

2.2. 是認的モダリティ

第一に，Sweetser (1990) の言う「言語行為的モダリティ」(speech-act modality) を表す是認的 may (=なるほど…だが (しかし)) が挙げられる。ここでは，是認的 may と称しておく。この意味の may は，認識的 may (=「可能性・推量」) とは独立したカテゴリーに属するものとみなすことにする (詳しくは，澤田 (2006: 351ff.) 参照)。

(1) a. He *may* be a university professor, *but* he sure is dumb.
b. There *may* be a six-pack in the fridge, *but* we have work to do.
(Sweetser (1990: 70))

(1a) は,「私は, 彼が大学教授であることは認めるが, にもかかわらず彼が愚鈍であることは確かだ」(＝なるほど彼は大学教授だが, 彼は確かに愚鈍だ), (1b) は,「冷蔵庫にビールの6缶入りがあるんだけど」とビールをすすめられてたようなコンテクストでは,「ビールは有り難いですが, 仕事があるので飲めません」(＝なるほど冷蔵庫にビールの6缶入りがありますが, 仕事があるので飲めません) といった読みになる。この場合,「彼が大学教授であること」,「冷蔵庫にビールの6缶入りがあること」は100%確かであることに注意しなければならない。上の例の may は, 後ろに必ず but (＝しかし…だ) を従える。この意味で, may (＝「是認」) は「相関的モダリティ」を表している (「相関的モダリティ」に関しては, 第4章参照)。

では, なぜ, これらの may を認識的 may (＝可能性・推量) と解釈することはできないのであろうか。それは, 認識的 may (＝可能性・推量) と解釈してしまうと,「彼が大学教授であること」,「冷蔵庫にビールの6缶入りがあること」は50%以下の確率になってしまうからである。では, 100%確実な事柄について述べるのに, may を用いるのはなぜであろうか。筆者の考えでは, その理由は, たとえ100%確実であるにせよ, その事柄は話し手自身の主張ではないことを示すためである。すなわち, 話し手はその事柄を主張してはいない。是認とは, 相手の主張を「受け入れる」ことである。是認と主張とは別である。

たとえば, 次の日本語の例を見てみよう。

(2)　梅村久介は確かに手柄を立てたのかもしれない。しかし, 言い伝えのような, それほどの大功があったのではなかろう。

（松本清張「厭戦」）（松本清張短編全集 10『空白の意匠』所収）
（光文社文庫）（下線筆者）

この日本語の例においても，100％確実な事柄について，「のかもしれない」を用いて，（不確かな）「推量」ではなく，「是認」を表しているいる。下の例からわかるように，（不確かな）「推量」であれば，「確かに」を用いることはできない。

(3) a. ひょっとしたら小包は明日着くかもしれないが，あまり自信はない。（＝（不確かな）推量）
b. *確かに小包は明日着くかもしれないが，あまり自信はない。（＝（不確かな）推量）

2.3. 自発的モダリティ

第二に，「自発的モダリティ」を表す自発的 can（＝…が見える，聞こえる，…の声・音・味・においなどがする）が挙げられる。この場合の「自発」とは，心理主体が対象を知覚したり，ある感情を抱いたりする際に，意図的・意識的にそうしようと思わなくても自然にそうなってくるという心的経験を指している。たとえば，遠くに星が見えたり，故郷の母のことが思われたり，隣の家から話し声が聞こえてきたりするような場合である（澤田 (2006: 384ff.) 参照)。

(1) a. I *could* feel something hard under my foot.
（足の下に何かかたいものに触れている感じがしていた）
b. I *could* hear a knocking at the door.

（ドアをノックする音が聞こえていた）

(Leech (2004[3]: 25))

たとえば，(1a) では，足の裏に何かかたいものに触れる能力があったといったことが述べられているのではなく，足の裏に何かかたいものがあったという触覚の状態が述べられている。(1b) では，自らの意志や聴力とは無関係に誰かがドアをノックしている音が聞こえていたという聴覚の状態が述べられている（詳しくは，本書〈下巻〉第9章参照）。

2.4.　感情的モダリティ

第三に，「感情的モダリティ」(emotive modality) を表す感情的 should（＝…とは，…なんて）や日本語の「…なんて」が挙げられる（澤田 (2006: 422ff.)）。

(1)　感情的モダリティ

a.　It's astonishing that she *should* say that to you.

(Swan (2005[4]: 512))

b.　あの次郎が1回戦で負けたなんて，とうてい信じられない。

(1a) の「彼女があなたにそんなことを言っている（もしくは，言った）こと」，(1b) の「あの次郎が1回戦で負けたこと」は「前提」とされている。話し手は，should や「なんて」を用いて，そのことを主張・断言するのではなく，その前提とされていることを「受け入れがたい」こととして捉えている。すなわち，誰かから聞いたそのことは自分の想像の域を超えている（すなわち，意外だ）

という捉え方が表されている。感情的モダリティは，感情を表す述語の補文に生じるのが基本であるが，この事実は，感情的モダリティには「相関性」があり，主節と密接な相関関係にあることを示している（詳しくは，本書〈下巻〉第10章参照)。

2.5. 願望的モダリティ

第四に，祈願的 may（＝…でありますように）が表す「願望的モダリティ」が挙げられる。

(1) 願望的モダリティ

a. *May* God grant you happiness! (Leech (2004[3]: 72))
（お幸せをお祈りします！）

b. Let us pray that peace *may* return to our troubled land.
（困難な私たちの国土に平和が戻ってくるように祈りましょう） (Swan (2005[4]: 319))

この例は極めてフォーマルであり，God be praised.（ありがたいことだ), Heaven forbid.（とんでもない）(Leech (2004[3]: 77)) といった，いわゆる仮定法現在の表現に対応している。

2.6. 仮想的モダリティ

第五に，「仮想的モダリティ」(counterfactual modality) を表す仮想的 would（＝～のになあ）が挙げられる。ここでは，澤田 (2011c: 36) に沿って，このタイプの would を「仮想的法助動詞」とみなすことにする。「仮想的モダリティ」は，英語の would や古典日本語の「まし」におけるように，事実に反する事柄や実現困難な事柄を仮想して，その結果として必然的に生じる事柄を想像することを表す。より微細な心的態度として，願望や後悔などを表すことができる。

(1)　仮想的モダリティ

a.　I *would* tell you if I knew.

（知っていたら教えてあげるのになあ）［仮想］（＝願望）

b.　It *would* have been nice if he'd thanked you.

（（あの時）彼があなたに感謝していたらよかったのになあ）［仮想］（＝後悔）

(1) の例から示唆されるように，仮想的 would（＝～のになあ）は，仮想の条件節を従えて用いられるのを基本とする。この点で，仮想的 would も（単純未来の will（＝予測）などと同様に）「相関的モダリティ」に属しており，条件節と密接な相関関係にある。

仮想的 would は，現実に反することを仮想する意を表すという点で，古典語助動詞「まし」と軌を一にしている。(1b) に見られるような，帰結節で用いられる「would＋完了助動詞 have＋動詞」（＝あの時…だったら，～だったのになあ）と平行して，興味深いことに，古典語でも「動詞＋完了助動詞「ぬ」＋「まし」」の構文がある。たとえば，次のような例である。

(2)　白玉か何ぞと人の問ひし時つゆとこたへて消えなましものを　（『伊勢物語』5「芥川」）（下線筆者）

（白玉かしら，何かしらと愛しい人がたずねたとき，露のきらめきさと，そう答えて，露のように私の身も消えてしまったらよかったのに。こんな悲しみもなかろうに）

下線部分の「まし」は反実仮想を表し,「な」は完了の助動詞「ぬ」の未然形である。「動詞「消え」＋完了助動詞「な」＋反実仮想助動詞「まし」」という構文全体で,「あの時消えてしまったらよかったのになあ」といった意味になる。白玉とは真珠のことである。女は，草の上の露の輝きを真珠と見まちがえたのである。

2.7. 存在的モダリティ

第六に，事柄（とりわけ，事象）の現象的側面，すなわち，その存在や出現の様子などについて述べるモダリティとして，二つ提案したい。一つは，存在的 can（＝...のこともある）で表される「存在的モダリティ」(existential modality)（von Wright (1951), Palmer (1990[2]: 107-109)）であり，もう一つは兆候的 be going to（＝...しそうだ）で表される「兆候的モダリティ」(symptomatic modality) である（後者については次節で述べる）。

(1) 現象的モダリティ ＜ 存在的 / 兆候的

(2) 存在的モダリティ

a. The Straits of Dover *can* be very rough.

(Thomson and Martinet (1986[4]: 133))

(ドーバー海峡もときには荒れることがある)［存在］

b. Welshmen *can* be tall. (Boyd and Thorne (1969: 72))

(ウェールズ人にも背の高い人がいる)［存在］

「存在的モダリティ」は，事象や状態があったりなかったりすること，すなわち，状況が時々存在することを表すモダリティである。その場合の状況は反復可能で，散在的なものでなければならない。このことは，上の例が，sometimes/some で書き換えられることからも明らかであろう（詳しくは，本書〈下巻〉第 12 章参照）。

2.8.　兆候的モダリティ

第七に，「兆候的モダリティ」は，典型的には疑似法助動詞 be going to によって表される。よく知られているように，be going to は，①意図（＝(前々から) ... するつもりにしている）と②兆し（＝(この様子では) ... しそうだ）に多義的であるが，①意図は力動的モダリティに，②兆しは兆候的モダリティに属すると想定する。前者は，主語に選択制限がある（すなわち，主語は動作主に限られる）という点で力動的モダリティに属するが，後者は，その主語には通例，選択制限がない（すなわち，無生，非人称の it，存在の there なども許される）という点で認識的モダリティに近い)。

(1)　意図

a.　My ex *is going to* vote for Pat Buchanan.
（私の先夫はパト・ブキャナンに投票するつもりでいる）

b.　They'*re going to* get married in a registry office.
（二人は登記所で結婚するつもりでいる）

(2)　兆し

a.　She'*s going to* have twins.
（彼女は双子を産みそうだ）

b.　There'*s going to* be a storm.
（嵐になりそうだ）

(Leech (2004[3]: 58–59))

(2) の各例はある事象が出現する兆しについて述べている。その兆しとは，(2a) では彼女が妊娠していることであり，(2b) では強風や黒雲である。ここで，事象の実現は未来に属するにしても，その兆しそのものはあくまで現在に属していることに注意しなければならない。Leech (2004[3]: 59) は，be going to を用いた (2a) の例と，予測（＝単純未来）の will を用いた She *will* have twins.（彼女はきっと双子を産みますよ）とを比較し，後者は，おめでたの知らせではなく，占い師のお告げであると述べている。

条件性という観点に立って，以下の例を比較してみよう。

(3) a. The rock'*ll* fall.（岩が落ちてしまうぞ）
b. The rock *is going to* fall.（その岩は落ちそうだ）
(Binnick (1972: 3))

Binnick (1972: 3) によると，(3a) の予測（＝単純未来）の will の場合には，この文だけでは何かが省略されているという不完全さが感じられるのに対し，(3b) の be going to の場合には，省略的には響かないという。(3a) は，以下のように条件的意味を補えば「完全」になる。

(4) Don't pull the wedge out from under that boulder, you nitwit! The rock'*ll* fall. (Binnick (1972: 3))
（あの大岩の下からくさびを抜くんじゃないぞ，阿呆め！（そんなことをしたら）大岩が落ちるぞ）

この例からわかるように，予測（＝単純未来）の will が表す未来の事象（たとえば，大岩の落下）は，未来においてある要因（たとえば，くさびを抜く）が加わった結果，実現するものである。日本語でも，「壊れてしまうよ」，「事故になるよ」，「叱られるよ」，「遅刻するよ」，「怪我するよ」といった言い方はこのままでは座りが悪い。「乱暴に扱ったら壊れてしまうよ」，「もっとゆっくり走らないと事故になるよ」「急がないと遅刻するよ」とか「ナイフを振り回すと，怪我するよ」のように条件節や命令文を補うと「完全」になる。次の図は (4) の will のイメージを表している。

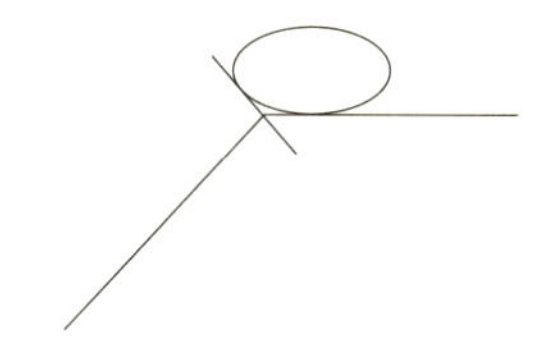

図1　(4) の will のイメージ

一方，be going to が表す未来の事象の兆し（たとえば，大岩の落下の兆し）は，未来においてある要因（たとえば，くさびを抜く）が加わった場合に生じると述べているのではない。このままいくと（自然に）そうなりそうだという前兆，もしくは，そうなる前の様態が観察されることを示している。次の図は例 (3b) の be going to のイメージを表している。

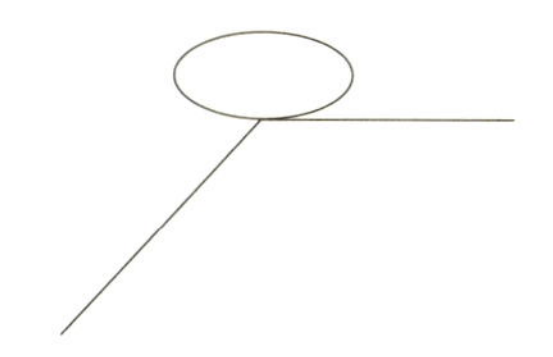

図2　(3b) の be going to のイメージ

上のように分析した場合，次のような想定が成り立つ。すなわち，will は「条件的」であり，ある条件的な事柄の結果として生じることを表しているが，一方，be going to は「非条件的」であり，未来に生じる事柄の前触れである。この点を考慮に入れて以下の例について考えてみよう。

(5) a. I'*ll* kill Sam if you really want me to.
(もし君が本当にサムを殺して欲しければ，サムを殺してあげよう（そうでないなら，そんなことはしない))
b. ?I'm going to kill Sam if you really want me to.
(もし君が本当にサムを殺して欲しければ，(前々から）サムを殺すつもりでいる)
(Binnick (1971: 42))

Binnick (1971: 42) によると，条件文と共起した (5b) は奇妙に響くという。筆者の分析では，(5a) の if 節は主節の will と呼応しており（すなわち，相関関係があり），それゆえ適格となるが，(5b) の if 節は主節の am going to とは呼応せず，それゆえ不適格となる。

以下の例では，if の前にコンマが置かれている。

(6) a. ?I'll kill Sam, if you really want me to.
b. I'm going to kill Sam, if you really want me to.
(Binnick (1971: 42))

コンマのため，主節は if 節と分断されている。聞き手の目の前で，話し手がサムの首を絞めているとしてみよう。こうした状況では，(6a) は奇妙である。なぜなら，話し手はすでに殺人行為にとりかかっているからである。しかし，コンマが置かれた (6b) はそうではない。この例は，このままでは（すなわち，このまま止めてくれなかったら）最終的には，サムを殺してしまいそうだと訴えている。もしかしたら，話し手は，聞き手から，「本当は，サムを殺したいなどとは思っていないから，やめてくれ」といった言葉を期待しているかもしれない（Binnick（1971: 42））。筆者の分析では，(6b）の if 節は，主節の am going to ではなく，補部動詞 kill と呼応している。それゆえに適格となる。

上で，will は「条件的」であり，be going to は「非条件的」であると想定した。すると，(6b）はこの想定に当てはまらないことになる。しかし，(6b）の if 節を，「このまま，止めてくれないなら」というように解釈し，if 節が，未来ではなく，現在の状況に言及しているとみなす限り，be going to は条件節と共起できると考えられる（詳しくは，佐藤（2016）参照）。Leech（2004[3]: 60）の挙げた以下の例も同様に説明可能である。

(7) a. We'*re going to* find ourselves in difficulty if we go on like this.
（このままこんなことを続けていると，私たちは困ったことになりそうだ）
b. If you're expecting Wales to win, you'*re going to* be disappointed.
（もしあなたがウェールズが勝つことを期待しているのなら，あなたが失望するのは目に見えている）
(Leech（2004[3]: 60））

筆者の分析では，これらの例における if 節は，未来ではなく，現在の状況に言及している。すなわち，(7a）では，「私たちはこんなことを続けている」のであり，(7b）では，「あなたはウェールズが勝つことを期待している」のである。しかも，(7a)，(7b)の if 節は，それぞれ，主節の be going to ではなく，補部動詞 find, be disappointed と呼応している。それゆえに適格となる。[1]

上で，if 節が主節の be going to ではなく，補部動詞と呼応している場合には，その例は適格となると述べた。こうしたアプローチは，以下の例の違いを説明する際にも有効である。

(8) a. When the sun sets, we'*ll* be frozen.
　　b. When the sun sets, we'*re going to* be frozen.
(Binnick (1972: 4))

[1] Declerck (2006: 359) は，以下の興味深い例について論じている（佐藤 (2016: 153–154) も参照）。

(i) If your dog bites a post office worker, the post office {*will*/??*is going to*} sue you.
（あなたの犬が郵便屋さんに咬みついたら，郵便局はあなたを {告訴する／??告訴しそうだ}）

(ii) If that dog bites him he {'*ll*/*is going to*} sue.
（あの犬が彼に咬みついたら，彼は {訴訟を起こす／訴訟を起こすつもりでいる／訴訟を起こしそうだ}）
(Declerck (2006: 359))

Declerck (2006: 359) によれば，(i) の場合には，will は自然だが，be going to はやや不自然であり，(ii) の場合には，will も be going to も自然である。(i) と (ii) において，will は予測（＝単純未来）を表しており，犬が咬みついたら 100% 訴訟に発展する。一方，be going to には「意図」と「兆し」の意味がある。(ii) において，「意図」の場合には，彼は犬に咬みつかれたら（前々から）訴訟を起こすつもりにしているという解釈になり，「兆し」の場合には，彼は犬に咬みつかれたら訴訟を起こしそうなタイプの人だという解釈になる。日本語でも，「大男が座ったら壊れてしまいそうな椅子」とは，きゃしゃなタイプの椅子を指す。(ii) の二つのいずれの解釈においても，if 節は，主節の be going to ではなく，補部動詞 sue と呼応していると考えられる。

Binnick（1972: 4）によれば，(8a）は，「日が沈んでしまったら私たちは凍死してしまう」と述べており，(8b）は，「(私たちはいつ凍死するかといえば）日が沈んだ頃に凍死してしまいそうだ」と述べている。(8a）における when 節は，主節の will と呼応している（＝相関関係がある)。(今のところはまだ暖かいが）日が沈むことが凍死をもたらすのである。そうでなければ凍死することはない。一方，(8b）における when 節は，主節の補部動詞 be frozen を修飾している。「日が沈んだ頃」というのは，「凍死する時」である。山小屋はまだ先である。山は凍えるように寒い。刻一刻と凍死に近づいている。最終的に死ぬのは，日没の頃なのである。

さらに，以下の例を考えてみよう。

(9) a. Because you'*ll* die, you ought not to eat arsenic.
b. Because you'*re going to* die, you ought not to eat arsenic.

(Binnick（1972: 4))

Binnick（1972: 4）によれば，(9a）の will には因果性があり，「死ぬ」のはヒ素を飲むためである。よって，この例は「(ヒ素を飲んだりしたら）死んでしまうから，ヒ素など飲むべきではない」と解釈される。一方，(9b）の be going to にはこうした因果性はなく，「死ぬ」のはヒ素を飲むためではない。よって，この例は「あなたはどうせ遠からず死んでしまうのだから，ヒ素など飲むべきではない」と解釈される。

同じく，以下の例を考えてみよう。

(10) a. When we build this new one, we'*ll* have nine houses

up.

b. When we build this new one, we'*re going to* have nine houses up.

(Binnick (1972: 5))

Binnick (1972: 5) によれば，(10a) は，目下 8 軒の家を完成させていると述べている。(10a) における when 節は，主節の will と呼応している。すなわち，when 節の事柄と主節の事柄の間には因果関係がある。目下 8 軒の家を持っているので，もう 1 軒この新しい家を建てたら，9 軒の家が完成するのである。建てなかったら，そういうことにはならない。一方，(10b) においては，when 節の事柄と主節の事柄の間には因果関係はない。この when 節は，単に主節の事柄（=9 軒の家が完成する）が実現する時を示しているにすぎない。すなわち，9 軒の家がいつ完成するかといえば，それは「この新しい家が建つ時」なのである。

事象の兆しは必ずしもその事象が実現することを含意はしない。なぜなら，次の例が示すように，その事象が起こる兆しがあっても，起こらない場合もあり得るからである。

コンテクスト：太郎と次郎がテニスの試合をしている。太郎のほうが優勢である。

(11) a. 太郎のほうが勝つ。（=未来予測）

b. 太郎のほうが勝ちそうだ。（=兆し）

(12) a. *太郎のほうが勝つが，最後になってみないとわからない。

b. 太郎のほうが勝ちそうだが，最後になってみないとわからない。

「勝つ」は断言である。話し手は，その事象が実現すると信じてそう言っている。一方，「勝ちそうだ」は兆しにすぎない。それゆえ，最終的にその事象が実現するかどうかは話し手にもわからない。(12a) が不自然で，(12b) が自然なのはこのためであろう。

2.9.　まとめ

以上の考察に基づいて，英語の主な法助動詞が表すモダリティを以下のように分類する。

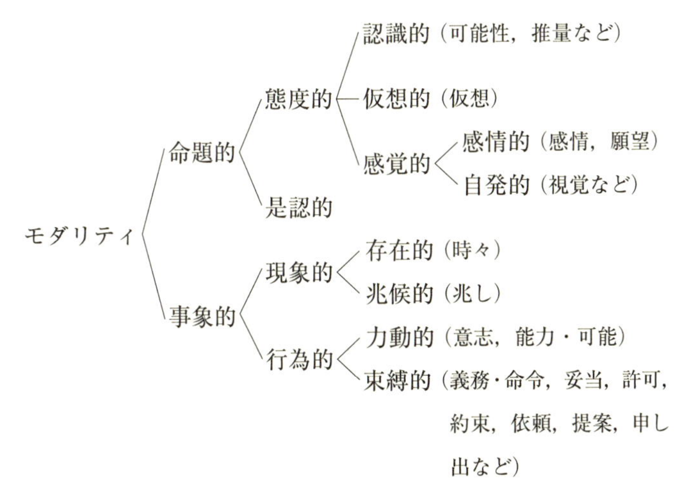

図3　英語モダリティの分類図

上の分類のうち，「力動的」というタイプの中には，英語の will の意味として，「欲求・願望」があってもおかしくはない。しかし，筆者の知る限り，will には，この意味がない。これは，いわゆる「偶然的空白」であって，本来あってしかるべき意味ではなかろうか。*OED* によると，will の語源的意味は「望む」である（ラテン語 velle「望む」と同根）。will の動詞用法には「望む」の意味がある。

(1) The king *wills* (it) that he be arrested.
（王様は彼が逮捕されることを望んでいる）
（『小学館プログレッシブ英和中辞典』(第 3 版)）

興味深いことに，英語の will に対応するドイツ語の wollen は，この意味を備えている。

(2) Was *willst* du von mir? （『アクセス独和辞典』(第 3 版)）
（私にどうしてほしいのだ？）

さらに，注目すべきは「束縛的」というタイプに含まれる意味範疇の豊富さである。この中には，話し手から聞き手への丁寧な言語行為の数々が含まれている。以下の，would は，丁寧な依頼，申し出を表している。

(3) *Would* you please be quiet? I'm trying to concentrate.
(Murphy (2000^2: 68))
（静かにしていただけませんでしょうか。今ちょっと集中しようとしているんです）

また，以下の might have 構文は「非難」を表しているが，これも「束縛的」というタイプに属する言語行為と言えよう。

(4) You *might have* told me! (Leech (2004^3: 131))
（私に一言言ってくれてもよかったのに！）

3. 未来性とモダリティの間
—予測（=単純未来）の will をめぐって—

いわゆる予測（=単純未来）の will に関して，Jenkins (1972) が主張するように，はたして，認識的用法であるとみなしてかまわないであろうか。これに関しては，それは，認識的用法ではなく，未来時標識であるとする見解がある（Comrie (1985: 43ff.), Declerck (2006)）。こうした見解の下では，それは認識的モダリティではなくなる。すなわち，それは，未来に起こる事柄についてその可能性・真実性を査定したり，推量・推定したりするものではないことになる。たとえば，Declerck (2006: 103–104) は，以下の例の will は多義的であるとし，前者の解釈での will は予測（=単純未来）を，後者の解釈での will は認識的モダリティ（=予測可能性・推量）を示していると論じている（第5章2節の例 (12) 参照）。

(1) If there's a knock at the door, it'*ll* be the milkman.

(Declerck (2006: 103)

解釈1：ドアがノックされたら，それは牛乳屋さんだよ（その時はドアを開けてあげなさい）。

解釈2：ドアがノックされたというのなら，それはそれはたぶん牛乳屋さんだろう（だから今ドアを開けてあげなさい）。

注意すべきは，前者の解釈では，まだノックされていないということであり（=未然），後者の解釈では，すでにノックされているということである（=已然）。後者の will は現在推量を表している。この解釈の下では，推量された事柄は，it's the milkman.（それは，牛乳屋さんだ）という現在時制で表されるものである。しかし，前者の解釈の下では，このことは成立しない。よって，予測（＝単純未来）の will は認識的モダリティには属さない。

このことを念頭に置いて，次の例における認識的 may/might を分析してみよう。

(2) Where's Bob?—He {*may*/*might*} be having lunch.
（ボブはどこ？ お昼ごはんを食べているのかも）

(3) Don't phone me at 8:30. I {*may*/*might*} be watching the baseball game on TV.
（8 時 30 分には電話を掛けてこないでね。テレビで野球中継を見てるかもしれないから）

(4) I {*may*/*might*} be going to Mexico in July.
（7 月にメキシコに行くことになるかもしれない）

(Murphy (2000²: 56, 58))

これら認識的 may/might を持つ文は，以下のように，「因数分解」可能である（各括弧（[...]）は事柄（＝命題内容）を表す）。

(5) {may/might} [he is having lunch]

(6) {may/might} [I will be watching the baseball game on TV]

(7) {may/might} [I will be going to Mexico in July]

ここで，事柄が，(5) では，現在進行形で（he is having lunch.（＝現在進行）），(6) では未来進行形で（I will be watching the baseball game on TV.（＝未来進行）），(7) でも未来進行形（I will be going to

Mexico in July.（ことの成り行き））で表されていることに注意されたい。このことは，予測（＝単純未来）の will は，認識的モダリティの成分ではなく，「事柄」の成分であることを示唆している。結論的に言えば，予測（＝単純未来）の will は未来時標識として機能していることになる。

ここで大きな問題は，次のような問題である。すなわち，「未来とは，所詮は不確定であり，推測の域を出ない。よって，未来とは認識的モダリティの一種ではないか。予測（＝単純未来）の will も未来時標識ではなく，認識的用法ではないか」。

この点について，Comrie（1985）は，未来時標識としての will を擁護する立場に立って，以下のように述べている。

(8)　…注目すべきは，英語におけるいわゆる未来時制は，ある未来の事態（state of affairs）に関して明確な予測（prediction）をしており，この点で，それは，可能世界（alternative worlds）に言及するモダリティ構文とは明らかに異なっているということである。たとえば，It will rain tomorrow. は現在より後のある時間にある事態が成立するということついての断言であり，その断言が正しいかどうかは，実際に雨が降るかどうかを見ることによって確かめられる。しかし，it may rain tomorrow. の場合はそうではない。この文は，明日雨が降るような可能世界についての主張（claim）にすぎない。この主張の真偽値は雨が降るかどうかを見ることによって確かめることはできない（なぜなら雨が降っても降らなくても may rain と矛盾しないからである）。実のとこ

> ろ，こうしたモダリティ的主張の真偽値を査定することは極めて困難である。というのは，現実世界と一致しない可能性のあるような，ある可能世界が存在するのか，しないのかについての論証が関わってくるからである。それゆえ，必ずしもモダリティではないような未来時間指示はあり得ると言えよう。
>
> （Comrie（1985: 44））

Comrie によれば，予測（＝単純未来）の will は未来の出来事に関して，推量をしているのではなく，一つの断言・確言をしていることになる。その内容は，モダリティではく，事柄の成分となり得る。それゆえ，以下の例における予測（＝単純未来）の will は，

(9) If the weather's fine, we'*ll* have the party in the garden. （Swan（2005[3]: 188））

天気が良かったら，パーティは庭でやるということを 100%の確からしさでもって断言していることになる。逆に言えば，晴れているのにパーティを家の中でやるということはあり得ない。

この点に関しては，Langacker（1991: 277）の「動的進展モデル」（the dynamic evolutionary model）が極めて示唆的である。Langacker（1991）は，一般に，法助動詞の対象となる事柄は「非現実性」（irreality）に属しているとみなしている。しかし，予測（＝単純未来）の will の場合には，その事柄は「前に投げられた現実性」（projected reality）の領域に置かれるとする。すなわち，その事柄は時間の経過に伴って必ず起こるものなのである。次図参照。

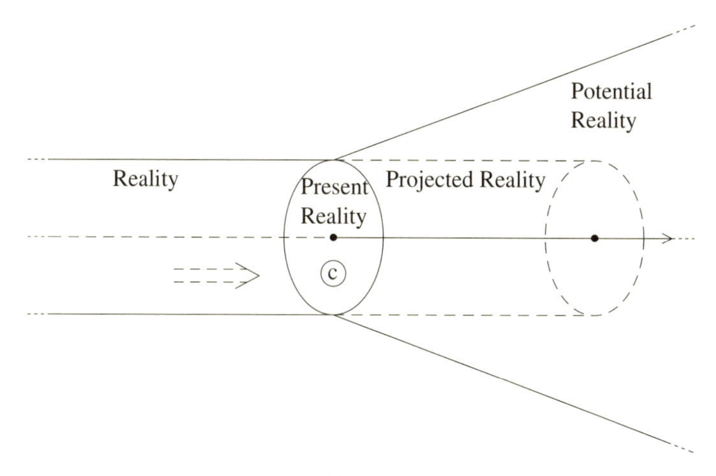

図3　動的進展モデル

以上の考察に基づいて，予測（＝単純未来）の will は，認識的モダリティではなく，未来時標識であり，未来時制を持つ命題を形成し得るとみなしておきたい。[2]

私たちは，とかく予測（＝単純未来）の will を「... だろう」と訳しがちである。しかし，安易にそう訳すべきではない。なぜなら，「だろう」は推量の助動詞であるが，予測（＝単純未来）の

---

[2] Azar and Hagen (2009[4]: 189) は，単純未来の will によって表された事柄に対する話し手の「確信度」は 100%であると述べ，should や may/might/could などと比較している。

(i) a.　Kay *will* do well in the test.（＝100%）
　　b.　Kay *should* do well in the test.（＝90%）
　　c.　Kay {*may*/*might*/*could*} do well in the test.（＝50% or less）

同じく，Carter, Hughes, and McCarthy (2000: 58) も，たとえば，He *will* be back in five minutes. は，（窓越しにトニーの姿が見えている場合の）Tony is in the kitchen. と同様に “definite”（明確な，確実な）であると述べている。

will は，たとえ将来の出来事であっても，その出来事について話し手は，100 パーセントの確信を抱いて「断言」しているからである。たとえば，話し手は，You'*ll* feel better after this medicine. (Leech (2004: 57)) の場合には「この薬を飲んだらきっと気分が良くなりますよ」というように，確信をもって薬の服用を勧めているし，I'*ll* be twenty next birthday. の場合には，「次の誕生日が来たら 20 歳になる」ことを知っている。また，If you touch a hot stove, you'*ll* get burned. の場合には，熱いストーブに触れば，必ずやけどをするのであって，触ってもやけどをしないことはあり得ない。もし占い師が，少女について，She *will* have twins. (Leech (2004: 59)) と述べたら，そのこと (「(大きくなったら) 彼女は双子を産む」) を告げているのである (お告げとは，断言の一種である)。

4. おわりに

モダリティをどう区分するかは，1 個のケーキをどう切るかという問題に例えられる (Perkins (1983: 10))。モダリティが事柄に対する話し手の微妙な心的態度 (たとえば，「疑念」，「非難」，「後悔」，「感謝」，「不安」，「困惑」，「焦り」など) を表している場合，モダリティの分類もいきおい細密化の一途をたどらざるを得なくなる。しかし，いたずらにモダリティの数を増やしてしまうと形式的な分類基準を失いかねない。それゆえ，基本レベルカテゴリーとしてのモダリティの数はむやみに増やすことをせず，微妙・微細な意味は文脈的意味にゆだねることとする。最後に，以下，2 例を解釈してみよう。

最初の例は，ドイルの「赤毛連盟」からである。

(1)　The fish which you have tattooed immediately above your right wrist *could* only *have* been done in China.

(A. C. Doyle, "The Red-Headed League")（斜体筆者）

この場面は，ホームズが依頼人であるジェイベズ・ウィルソン氏の前歴を推理している場面である。ホームスは，ウィルソン氏が中国に行ったことがあると断言する。ウィルソン氏がびっくりして尋ねると，ホームズは「右手首のすぐ上の魚の刺青は中国でなければできないものです」と答える。

論理的にはこのように解釈されるにせよ，では，なぜ，ここでは，can（＝「可能」）でなく，「could（＝「可能」）＋完了形」になっているのであろうか。

ひとつの説明は，… *could* only *have* been done in China. の部分を次のように解釈することである。

(2)　これまでに中国に行っていた場合にしか，可能ではなかった。

この「否定的解釈」は，only に関して，only in China とみなして，その否定的なニュアンスを汲み取ったものである。ここで重要なことは，only in China の部分を「中国に行った場合にしか」(＝only if you had been in China) というように，(仮想的過去完了の) 条件文の条件節として解釈することである。このように分析することによって，… *could have* been done の部分は，仮想的過去完了の条件文の主節として解釈することができる（＝… would have been possible)。

次の例は，アメリカの短編作家オー・ヘンリー（1862–1910）の有名な短編「賢者の贈り物」の中の一節である。

(3) Della finished her cry and attended to her cheeks with the powder rag. She stood by the window and looked out dully at a grey cat walking a grey fence in a grey backyard. *Tomorrow would be Christmas Day*, and she had only $1.87 with which to buy Jim a present.

(O. Henry, "The Gift of the Magi")

ここでは，デラという女性の心理が，描出話法（represented speech）を用いて，過去時制で描写されている。デラとジムは若く貧しい夫婦である。クリスマスの前日のこと，「明日はクリスマスだというのにジムにプレゼントを買ってあげようにも，わずか1ドル87セントしかない。しかも，そのうちの60セントは1セント銅貨である。彼女は悲嘆にくれる。人生とは，「すすり泣き」（sniffles）なのだ。ひとしきり泣いたあと，彼女は暗い気持ちで窓の外に目をやる。

さて，上の描写で，would be を現在時制に戻すと，will be となる。

(4) Tomorrow *will be* Christmas Day, ...

今日が12月24日であれば，明日がクリスマスであることは自明の理である。では，なぜ，(4) では，is ではなく，will be となるのか。is と will be とでは，話し手の心的態度はどう違うのか。というのは，「明日は日曜日だ」のような曜日の場合には，通例，will be ではなく，is となるからである。

ここで，次の例を比較してみよう。

(5)　Tomorrow {(?)*will be*/*is*} Sunday.

(6)　Tomorrow {*will be*/*is*} Christmas.

第一に，(5) におけるような曜日の場合，今日が土曜日なら明日が日曜日だというのは，永遠の真理 (eternal truth) である。曜日をこのように捉えた場合は，is が用いられる。では，will be が用いられた場合はどうであろうか。その場合，「明日，日曜日がやってくる」のように「感情的に」解釈され，その「明日やってくる」日曜日は，話し手にとっての特別な日 (たとえば，プレゼント，デート，試験，原稿の締め切りなど) ではなかろうか。その日に何か特別な出来事が起きるのであり，その出来事に焦点が置かれているために，曜日が will be で表されるのではないかと思われる (澤田 (2006: 257), Wierzbicka (1988: 133))。

第二に，(6) におけるようなクリスマスの場合，単に暦の問題ではない。イエスキリストの誕生を祝う祭りであり，まさに特別な日である。よって，明日の祭日に焦点が置かれると will be が使われ，単に暦の問題であれば，is が使われると思われる。結婚記念日なども同様である。

(7)　Tomorrow {*will be*/*is*} our wedding anniversary.

will be は，ある意味，不思議な表現である。明日になってはじめてクリスマスや結婚記念日が来るということは，何を物語っているのであろうか。

ある母語話者によると，is の場合，あたかもひとごとであるかのように聞こえるため，たとえば妻に言うような場合には，(6)

において，will be のほうが好ましいという。母語話者のこうした言語感覚は，will be がはらむ感情的なモダリティを示唆しているように思われる。冒頭の（3）の例文の Tomorrow *would* be Christmas Day. もデラの不安，困惑，焦燥として解釈可能ではなかろうか。

第三に，年齢は，曜日と逆である。年齢がクリスマスや結婚記念日と同じように「人間化」された場合には，will be となる。

(8) Tom {*will be*/(?)*is*} sixty tomorrow.

年齢は人の成長の証しである。そして，明日，私が 60 歳になれるかどうかは，明日まで生きているかどうかにかかっている (Huddleston and Pullum (2002: 190))。一方，年齢が曜日と同じように，人間の成長に重きを置かないたんなる機械的なサイクルと捉えられた場合には，is となると考えられる。

第4章

モダリティへの語用論的アプローチ

1. はじめに

語用論は，言語を（刻々と変化する）コンテクストとの関係において問う分野である。コンテクストとは，当該の発話（すなわち，テクスト）を取り巻く状況・背景であり，発話の場を中心として同心円状に幾重にも広がり得る。よって，語用論は，直示，推意，前提，言語行為，談話，認知，モダリティ，ポライトネスなどをはじめ，ジェンダー，社会制度，司法，文化，歴史など多彩な問題と関わってくる。

では，モダリティは語用論とどのように関わっているのだろうか。本章では，認識的モダリティに対して，「事柄」の「多義性」，「現実性」，「時間性」，「因果性」という観点からアプローチし，モダリティと語用論の深いつながりを探ってみたい。

2. 認識的モダリティ

モダリティとは，「事柄のありよう」である。ゆえに，モダリティを用いて発話する時，私たちは事柄を（イエスかノーかと）断言することを避けている（Palmer（2001[2]: 3-4），第 1 章 1 節参照）。たとえば，以下の例では，

(1) 「しかし，今日は，十四日ですね。まだ社に姿を出さないのです。念のために，金沢の出張所に電話をかけて問いあわせたのですが，本田君が，つまり，鵜原君の後任ですな，その男が言うには，十一日の晩に発ったはずだと言うのです」

発ったはず？ それでは，はっきり発ったという事実はないのか，と禎子は思ったが，それは黙っていた。

(松本清張『ゼロの焦点』)(下線筆者)

モダリティ述語「はず（だ）」が用いられているために，「(本田が) 十一日の晩に（金沢を）発った（こと）」の真偽性は留保され，断言されてはいない。モダリティを用いて発話されたために，グライスの「協調の原則」の中の「質の公理」(=「話し手が何かを断言した場合，何かの証拠に基づいて述べているものだ」) によって，聞き手の側に，話し手はそのことをはっきりとは知っていないという推意が生じる（Grice（1989: 27))。禎子が不審に思ったのはそのためである。

認識的モダリティとは，その事柄の確からしさに関する推量・判断を表すモダリティである。次の (2)-(3) では，

(2)　She {*may*/*might*/*could*/*should*/*must*} have missed her train.

(3)　彼女は列車に乗り遅れた {かもしれない／はずだ／に違いない／らしい／ようだ／だろう}。

「彼女が列車に乗り遅れた」という過去または現在完了の事柄は断言されてはおらず，その真偽性は留保されている。

3.　現実性

仮想（もしくは，反事実）条件文の中に用いられた認識的法助動詞について考えてみよう。次の例（サッカーの試合）では，「(あの

時）ホームズが出ていたら，スコットランドは勝てた」（＝if Holmes had been playing, Scotland would have won.）という仮想的な事柄についての推量・判断が述べられている。実際には，ホームズは出ていなかったので，スコットランドは勝てなかったのである。

(1) If Holmes had been playing, Scotland {*might*/*could*/*should*/**must*} have won.

(1) では認識的 must だけは不適格となる。ここにはどのようなメカニズムが働いているのであろうか。

今，次の条件（澤田 (2006: 91, 105)）を仮定してみよう。

(2) 現実性条件：
その事柄は現実世界の状況でなければならない（すなわち，仮想世界の事柄であってはならない）。

認識的 must がこの条件を遵守していると考えることによって，(1) の must が不適格になる理由が説明される。

次の例（原文は「かもしれない」）が示唆しているように，「現実性条件」は，日本語にも適用可能である。この例では，「誰か 1 人でも欠けていれば，結果は違っていた」という仮想的な事柄についての推量・判断が述べられている。

(3) 3 人そろって開幕から先発枠に入ったことに意味があった。お互いのライバル意識がうまく相乗効果を生んだ。誰か 1 人でも欠けていれば，結果は違っていた {かもしれない／に違いない／だろう／はずだ／*らしい／*よ

うだ}。　（『朝日新聞』2003年10月2日）（下線筆者）

(3) と次の (4) とを比較されたい。

(4)　…*誰か1人でも欠けていれば，結果は違っていた {のかもしれない／のに違いない／のだろう}。

興味深いことに，形式名詞「の」を付けた「のかもしれない」，「のに違いない」，「のだろう」など，「の」系は不適格となる。「の」は，事柄の現実性を表示するマーカーと言えよう。

「らしい」，「ようだ」に「推量」と「伝聞」の区別をした場合，(3) において，「推量」の「らしい」，「ようだ」は不適格に響く。ここでは，「伝聞」は，認識的モダリティではなく，証拠的モダリティとみなすことにする。証拠的モダリティとは，その事柄の真実性を裏付ける証拠に関するモダリティである（第3章1節参照）。

次の例の二つの「らしい」を比較されたい。

(5)　昏いが，足もとの枯草がほの白く見えた。彼女はそれを踏みながら，急な斜面を気をつけながら降りた。（中略）
離れたところに水の音がしていた。川の中心までは距離が相当にあるらしい。
（松本清張『黒い樹海』）（下線筆者）

(6)　「奥さん，昨夜，ぼくは，先方に電報を打ちましたよ。その返電が今朝早くありましたがね。先方は，今，旅行していると言うのです。三，四日かかるらしいですね」
（松本清張『わるいやつら』）（下線筆者）

(5) の「らしい」は認識的モダリティを，(6) の「らしい」は証拠的モダリティを表していると解釈可能である。(5) では，「川の中心までは距離が相当にある」という事柄は主人公の女性の推量・判断であり，(6) では，「(旅行が) 三,四日かかる」という事柄は電報に基づく情報である。

4. 時間性

下の2例では，認識的法助動詞 may, might, could, must が用いられているが，推量されている事柄は，「一晩ぐっすり眠ったらあなたは気分が良くなる」(=you will feel better after a good night's sleep.)，「私は数分遅れる」(=I will be a few minutes late.) という未来の事柄であるとしてみよう。

(1) You {*may*/*might*/*could*/**must*} feel better after a good night's sleep.

(2) Don't wait for me—I {*may*/*might*/*could*/**must*} be a few minutes late.

(1)-(2) のポイントは，推量されている事柄が予測 (=単純未来) の will で表されているということである。こうした予測の場合，認識的 must は不適格となる。

ここで，認識的 must に対しては，さらに次の条件が適用されると仮定してみよう (第2章2節，本書〈下巻〉第11章2.1節，第14章3節参照)。

(3) 非未来性条件：

その事柄は，現在時制や過去時制で表されるような現在や過去の事柄でなければならない（すなわち，予測（＝単純未来）の will で表されるような未来の状況であってはならない）。

すなわち，認識的 must の場合，話し手は，現時点で入手可能な直接的根拠に基づいて，ある事柄を推量する。しかし，(1)-(2) のように，その事柄が予測（＝単純未来）の will で表される類の未来の状況である場合，話し手は，発話時点ではその事柄を推量するための直接的証拠を入手してはいない。それゆえ，話し手は，認識的 must を用いてその事柄を推量することはできない（詳しくは，本書〈下巻〉第11章参照）。

5. 因果性

次のデータを考えてみよう（(1)，(2) の例は，本書〈下巻〉第11章2.3節でも論じられる）。

(1) a. It is twelve, he {*may*/*might*/*could*/*should*/*must*} be at work now.

b. According to the schedule, they {*may*/*might*/*could*/*should*/*must*} be working on the engine now.

(2) a. He looks tired, he {*may*/*might*/*could*/**should*/*must*} be working too much these days.

b. I can't hear any noise, he {*may*/*might*/*could*/**should*/*must*} be asleep.

これらの例のうち，(2) の認識的 should（＝「はずだ」）だけは不適格である。以下，この理由を「原因推量」か「結果推量」かの違いに基づいて説明してみたい。結果推量の場合，原因に基づいて結果が推量される（「昨夜雨が降ったから，きっとグラウンドは濡れているだろう」）。一方，原因推量の場合，結果に基づいて原因が推量される（「グラウンドが濡れているが，（それは）きっと昨夜雨が降ったからだろう」）。原因推量と結果推量の違いについては，本書〈下巻〉第11章参照。

まず，(1) では，原因を証拠として，その結果が推量されている。「12時」という時間も，「仕事のスケジュール」も「原因」とみなし得る。

次に，(2) では，結果を証拠として，その原因が推量されている。(2a) では「疲れているのは，過労のせいだ」，(2b) では「音がしないのは，眠っているせいだ」という推量であるが，この場合，should を用いることはできない。

これらのデータから以下の観察が得られる。

(3) 認識的な must/may/might/could の場合には，結果推量も，原因推量も可能であるが，認識的 should の場合には，結果推量は可能だが，原因推量は不可能である。
(Rivière (1981)，澤田 (2006: 194))

では，日本語の認識的モダリティのデータは，因果性の概念を用いてどのように説明できるであろうか。

(4) 朝からずっと雨が降り続いている。このままだと，大井川は増水する {に違いない／*のに違いない／かもしれない／*のかもしれない／*らしい／*ようだ／はずだ

／だろう／*のだろう}。［結果推量］

(5)　デパートの中で子供が一人で泣いているよ。迷子になった {に違いない／のに違いない／? かもしれない／のかもしれない／らしい／ようだ／*はずだ／*だろう／のだろう} ね。［原因推量］

まず，(4) では，原因を証拠として，その結果が推量されている。「大雨」は原因であり，「増水」はその結果である。この場合，「のに違いない」，「のかもしれない」，「のだろう」などの「の」系や「らしい」，「ようだ」は不適格である。注意すべきことは，(4) におけるような「らしい」，「ようだ」は，「推量」ではなく，「伝聞」に解釈されやすいということである。たとえば，テレビやラジオなどで，増水の危険性を知ったような場合の解釈である。

次に，(5) では，結果を証拠として，その原因が推量されている。「迷子になったこと」は原因であり，「泣いていること」はその結果である。(5) の適格性は (4) と対称的である。

では，次の (6) はどうであろうか。コンテクストは，大井川の堤防が切れたという知らせを聞いた際の反応とする。

(6)　それは大変だ。大雨で川が増水した {に違いない／のに違いない／?かもしれない／のかもしれない／らしい／ようだ／*はずだ／*だろう／のだろう} ね。

興味深いことに，(6) の適格性は，(4) ではなく，(5) と平行している。一体それはなぜであろうか。

ここで重要な役割を果たすのがコンテクストである。(6)では，「大雨で川が増水した」という事柄は，あることの結果ではなく，

「大井川の堤防が切れた」という先行発話で言及された事柄の原因を構成している。すなわち，(6) は，(5) と同じく，原因推量なのである。

では，次の (7) の「に違いない」は，結果推量であろうか，原因推量であろうか。筆者は，結果推量だと考える。

(7) 祥子は，常子が奉公先を変えたのを実家にまだ報らせていないことを知って失望した。しかし，いずれは新しい勤め先から常子は実家に便りを寄越すに違いない。

(松本清張『黒い樹海』)(下線筆者)

なぜなら，「に違いない」を「はずだ」，「だろう」で置き換えることができるからである。

(8) しかし，いずれは新しい勤め先から常子は実家に便りを寄越す {はずだ／だろう}。

一方，次の (9) の「のであろう」は，結果推量ではなく，原因推量であると考えられる。

(9) 病院は閑散としている。多少，忙しいのは午前中の二時間であった。此処にいちばん近い内科の診察室に笑い声が起こっているが，医員たちが看護婦とふざけているのであろう。 (松本清張『わるいやつら』)(下線筆者)

なぜなら，「医員たちが看護婦とふざけている」ことは，内科の診察室の笑い声の原因にほかならないからである。さらに，「のであろう」を「はずだ」，「だろう」で置き換えることはできない。

(10) *此処にいちばん近い内科の診察室に笑い声が起こっているが，医員たちが看護婦とふざけている{はずだ／だろう}。

6. 現在性

興味深いことに，古代日本語の認識的「らし」などに対しては，「非未来性条件」よりもさらに厳しい，次のような条件が課せられていると考えられる。

(1) 現在性条件：その事柄は現在の事柄でなければならない。

第3節の(2)の「現実性条件」，第4節の(3)の「非未来性条件」，第6節の(1)の「現在性条件」は，次のような「認識的階層性」の一部を形作っていると思われる。

(2) 認識的階層性：

現在性条件
過去性条件 } ＞非未来性条件＞現実性条件

ここで，古典語の「らし」の意味について見ておきたい。「らし」の基本的な意味は，一般に，(i) 確実な根拠（多くの場合明示される）に基づいて現在の事態を確信的に推量する，(ii) 明らかな事実を表す句について，その原因・理由を確実なこととして推定する（『古語大辞典』）の二つに大別される（松尾（1961: 77–78）など参照）。たとえば，次の例（以下，例は『万葉集』（岩波文庫）から）は，(i) の意味にあたる。

両例とも，話し手（この場合は，詠み手）は，直接入手可能な証拠（姿，音など）に基づいて，現在の事柄を推量している。

(3)　春日野（かすがの）に煙（けぶり）立つ見ゆ娘子（をとめ）らし春野（はるの）のうはぎ摘（つ）みて煮（に）らしも　（巻第十 1879）

(4)　志賀（しか）の浦にいざりする海人（あま）明け来れば浦廻（うらみ）漕ぐらし梶（かぢ）の音（おと）聞こゆ　（巻第十五 3664）

(3) では，春日野に煙が立っているのを見て，乙女たちが春の野のうはぎ（＝嫁菜）を摘んで煮ているらしいと推量しており，(4) では，志賀の浦で漁をする漁夫が，夜が明けてくるので入り江の周りを漕いでいるらしいと推量している。春日野の煙，入り江の梶の音は，それぞれ，乙女たちの煮炊き，漁夫の出漁を推量する上での証拠である。

では，(3)-(4) を因果性の観点から見てみよう。ここで重要なことは，「らし」でもって話し手（もしくは，詠み手）が推量している事柄は，自分が見たり，聞いたりしている事柄の「原因」にほかならないということである。乙女たちが若菜を料理していることは煙が立っていることの原因であり，漁夫が入り江の周りを漕いでいることは，梶の音がすることの原因である。表面の現象は見たり，聞いたり，触れたりすることが可能である。しかし，その原因・理由は現象の背後に隠れていて，五感で捉えることができない。それゆえ，私たちは心で推し量る以外にない。中西 (1996: 225) は「「らし」の推量は，結果的事態を根拠としてそれの原因的事態を推量するものとしてあるということができる」と述べているが，正鵠を射ているというべきであろう。すなわち，「らし」は，基本的に原因推量の形式なのである。

一般に，認識的モダリティが原因推量を表している場合，その事柄は，現実世界における現在または過去の事柄でなければならず，未来の事柄であってはならない。すると，「らし」には，未来推量はないことになる。この点で，「らし」は英語の認識的 must と平行していると言えよう。

7. おわりに

本章では，モダリティに対する語用論アプローチを試みた。現実性，時間性はその事柄の実在性をどう捉えるかという認知の仕方に影響され，因果性は話し手の百科事典的知識や発話のコンテクストに大きく依存する。たとえば，6 節の（3）の歌は国見の際の歌とされるが，窪田（1950: 247）に，「春の若菜を食べることは，それをすると長寿を保ち得るといふ信仰からのことで，これは根深いものであつたと思はれる。又若菜を摘むのは若い女のすることであつた」とあるが，こうした歴史的知識も因果性を理解するための手がかりとなる。語用論はモダリティ研究に深さと広さを与えてくれる。

第5章

モダリティの相関性

1. モダリティの相関性

これまで,「事柄のありよう」としてのモダリティを分析するに際して，英語の法助動詞に焦点を当ててきた。そして，分析のアプローチは，基本的に「単独的な」ものであった。すなわち，モダリティを，文内部における事柄との関係においてのみ捉えてきた。確かに，以下のような例では，

(1) a. I *can* run fast.
b. She'*ll* listen to music, alone in her room, for hours.
c. Cars *must* not park in front of the entrance.
(*OALD*[6])

can の表す「(私の) 能力」, will の表す「(彼女の) 性質・習慣」, must の表す「(駐車に関する) 規則・規制」などのモダリティを捉えるのには，文内部における事柄との関係だけを考慮に入れるだけで事足りる。

しかし，助動詞には,「単独的な」分析法では十分ではないようなものも存在する。すぐに思い浮かぶのは，たとえば，日本語の助動詞「まし」(=反実仮想) である。この助動詞は，基本的に，まず事実と反対のことを仮に想定して，それに基づいて別の事柄を推量するのに用いられる。すなわち，助動詞「まし」は「ましかば...まし」,「せば...まし」,「ませば...まし」などの形で，条件文と相関関係にある。

(2) 我(わ)が背子(せこ)と二人見ませばいくばくかこの降る雪の嬉(うれ)しからまし (『万葉集』1658)

（我が君と二人で見るのだったら，どんなにかこの降る雪は嬉しかったことでしょう。）　　（『万葉集』岩波文庫）

ここでは，モダリティを相関関係から捉えるという原則を「相関性の原則」と称しておくことにしたい。この原則による場合，たとえば，主節に存在する法助動詞の意味（下の図ではMと表示する）が捉える主節の事柄は，主節内部で「単独的に」捉えられるのでなく，従属節との相関関係に基づいて捉えられることになる。

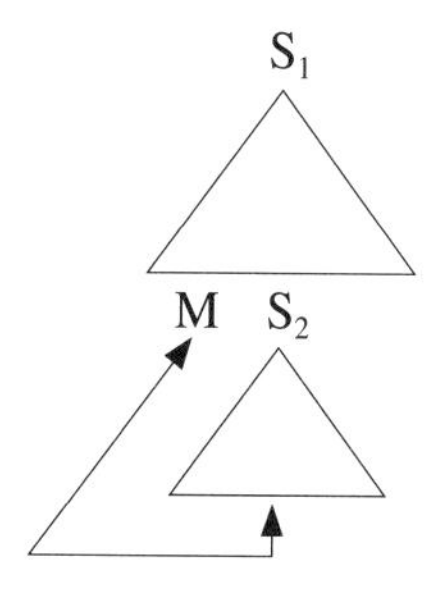

重要なことは，「相関性の原則」によれば，モダリティは，当該の文（あるいは，節）の内側だけでなく，その外側にも存在することが示唆されるということである。以下，事例研究として，①条件文，②補文標識，③分詞節を挙げてみたい。

2.　条件文

次の2例では，どちらも条件文の中に列車の発車時刻が述べられている。しかし，実は列車の時刻に関する話し手の捉え方は互いに大きく違っている。それはどのような違いであろうか。また，(1) における主節の予測（＝単純未来）の will と if 節との相関関係，(2) における主節の have to と if 節との相関関係はどのようなつながりであろうか。

(1) What time *will* I be in Leeds *if I take the 6.33 train*?
(Declerck (1991: 111))

(2) *If the train leaves at 8.30*, why *do we have to* be at the station so early? (Johannesson (1976: 77))

まず，(1) では，if I take the 6.33 train（＝6時33分の列車に乗ったら）は，話し手個人の未来の行為を仮定している。条件節中の動詞 take の現在時制は，時制の後方転移 (backshift)（すなわち，未来の時間が現在時制によって表される現象）によるものである。それは，主節の事柄（＝リーズ（イングランド West Yorkshire 州中部の都市）に到着すること）が起きる未来の時間に「依存」した（もしくは，それに寄生した）現在時制にすぎない。よって，指し示されている時間は未来にほかならない。if 節の事柄は，実際は，次のような状況である。

(3) I will take the 6.33 train tomorrow morning.
（早朝6時33分の列車に乗る）[決意・予定]

話し手は，聞き手に6時33分の列車に乗ったら，何時にリーズに到着するのかと尋ねたのである。この場合，あくまで if 節を受けての質問なので，if 節が存在しなかったら，主節は意味をなさない。すなわち，主節の予測（＝単純未来）の will と if 節とは相関関係にあるのである。

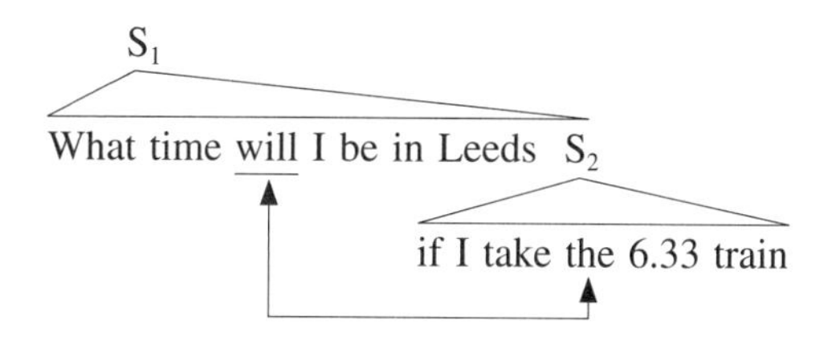

一方，(2) では，if the train leaves at 8.30（列車が８時30分に出るのなら）は，未来の一回的な出来事ではない。従属節内の現在形 leaves が表している事柄は，主節の事柄（＝早く駅に着かなければならないこと）に「依存」（もしくは，寄生）してはいない。時制の後方転移によるものではなく，列車の時刻表に記載されている事実である。それは話し手個人の状況ではなく，変更不可能な公的スケジュールとしての状況である。従属節内の現在形 leaves が，時制の後方転移によるものではないことは，①主節は現在形であること (why do we have to …?)，②現在における話し手の心情を述べていること，から明らかである。if 節の事柄は，次のような状況である。

(4) The train leaves at 8.30.
（列車は８時30分に出る）［時刻表］

話し手は，聞き手に，列車の発車時刻が８時30分だというのなら（＝前置き），なぜそんなに早く家を出なくちゃいけないのかと愚痴をこぼしているのである。この場合も，あくまで if 節を介しての「愚痴」なので，if 節が存在しなかったら，主節は意味をなさない。すなわち，ここでも，主節と if 節は相関関係にあるのである（主節が，未来ではなく，現在における話し手の心的態度を表していることに注意）。

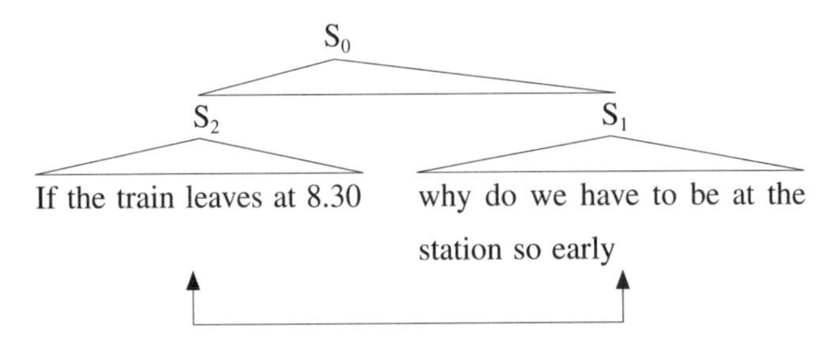

さらに，次の例を比較してみよう。

(5) We'll go home now if you get the car.

(6) We'll go home now if it will make you feel better.

(Swan (2005³: 237))

まず，(5) は，(1) と同じタイプに属する。それは，「予測タイプ」である（澤田 (2014c: 263ff.)）。このタイプは，「内容条件文」(content conditionals) (Sweetser (1990))，「予測的条件文」(predictive conditionals) (Dancygier (1998), Dancygier and Sweetser (2005)) とも称されている。このタイプの場合，if 節の事柄は未来に生じる見込みのあるものであるが，実際に生じるかどうかはわからない。よって，「あなたが車を出せたら，私たちは今家に帰れるのだが，そうでなければそれはできない」。

一方，(6) は，(2) と同じタイプに属する。それは，「伝聞タイプ」である（澤田 (2014c: 258ff.)）。このタイプは，「認識的条件文」(epistemic conditionals) (Sweetser (1990))，「非予測的条件文」(non-predictive conditionals) (Dancygier (1998), Dancygier and Sweetser (2005)) とも称されている。このタイプの場合，if 節の事柄は話し手によって（少なくとも表向きは）事実であると受け止められている（Declerck and Reed（2001：53, 81））。日本語では，このタイプの if 節は「～というのなら」に対応する場合が多い。「という」，「の」，「なら」（＝にあら）からわかるように，ある事柄の存在が発話時以前にすでに与えられたもの，言われたものとして捉えられている。よって，この事柄は「伝聞的」である場合が多い。(6) の if 節を「伝聞タイプ」と捉えるならば，次のように解釈することが可能となる。

(7)　We'll go home now if it will make you feel better (if we go home now).

すなわち，(7) では，「伝聞タイプ」の if 節の中にさらにもう一つ，「予測タイプ」の if 節を補うという説明法である。この場合，「（私たちが帰宅したら）あなたは気分が良くなる」というのなら，私たちはこれから帰宅します」といった解釈となる。

(8)
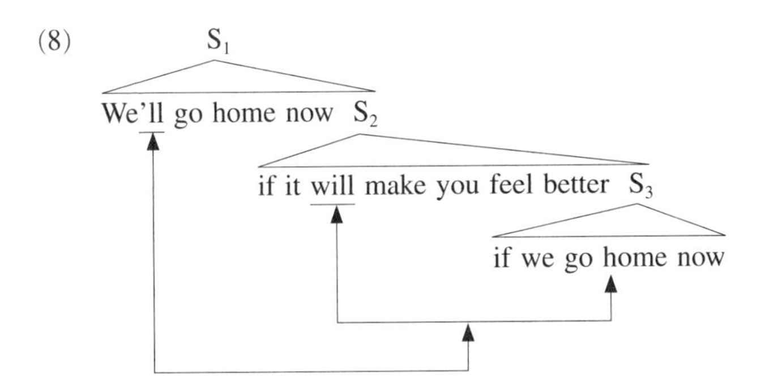

S_1 は主節，S_2 は「伝聞タイプ」の条件文，S_3 は「予測タイプ」の条件文である（S_3 の if 節の go は時制の一致の後方転移によるもの）。S_2 の「伝聞タイプ」の条件文の中に予測（＝単純未来）の will が

含まれている。このwillはS_3の「予測タイプ」の条件文と相関関係にある。さらに，S_1の主節と，（S_3を内臓した）S_2の「伝聞タイプ」の条件文も相関関係にあると考えられる（さらに，第2章4.3節〈下巻〉第11章3節参照）。

「伝聞タイプ」の場合，条件節には，現在時制，過去時制をはじめとして，予測（＝単純未来）のwillなどいかなるタイプの表現も含まれることに注意しなければならない。このことは，このタイプが相手の発話を受けて，その発話を条件節という枠の中に（間接話法に似た形式で）取り込んでいることに由来すると考えられる。「伝聞」タイプの条件文において，予測（＝単純未来）のwillが現れている例として，Declerck（1991）は以下のような文を挙げている。

(9) If all the letters *will* be finished by 4 o'clock, why don't you ask Gordon to post them on his way home?

(10) If the water level *will* rise as high as this, then we had better evacuate these houses.

(11) If he *will* be here tomorrow, there's no need to ring him now.

(Declerck（1991: 426–427））

Declerck（1991: 427）が述べているように，これらの条件文のif節の内容は，すでになされた発話をエコー（"echo"）する形をとっている。話し手は，予測（＝単純未来）のwillを用いて述べられた発話・情報（たとえば，手紙は全て4時までに書き終える，水位がこれほどの高さまで達する，彼は明日ここにやってくる）をそのまま受け入れ，そのうえで，今なすべきこと（ゴードンに投函してくれと頼むこと，これらの家から避難すること，彼に電話をしないこと）を提案しているのである。なお，(9)-(11) の例においても，主節は (2) と同じように，すべて，未来ではなく，現在における話し手の心的態度が述べられていることに注意したい。

では，「予測タイプ」と「伝聞タイプ」の区別を考慮に入れて，次の例の多義性について議論してみよう（第3章3節の例 (1) 参照)。

(12)　If there's a knock at the door, it'*ll* be the milkman.
(Declerck and Reed (2001: 133))

Declerck and Reed (2001: 133) によれば，この多義性は次のように説明可能である。

(13)　解釈1：　ドアがノックされたら，それは牛乳屋さんだよ（その時はドアを開けてあげなさい)。
解釈2：　ドアがノックされたというのなら，それはそれはたぶん牛乳屋さんだろう（だから今ドアを開けてあげなさい)。

前者の解釈は「予測」であり，後者の解釈は「伝聞」である。よって，it'll be the milkman の will の意味に関して言えば，前者の解釈の下では未来予測 (e.g. You'*ll* be in time if you hurry.) を，後者の解釈の下では「現在推量」(e.g. That'*ll* be the doctor now.) を表していると考えられる。

Dancygier (1998: 88) は，「伝聞タイプ」の条件文と認識的 must との間には相関関係があることを指摘している。たとえば，次のような例である（must は現在における話し手の推量を表している)。

(14) *If Mary is late*, she *must* have gone to the dentist.

(15) *If Ann is wearing a wedding ring*, she and Bob *must* have finally got married.

(Dancygier (1998: 88))

(14) は「メアリーが遅れているというのなら，彼女は歯医者に行ったのに違いない」，(15) は「アンが結婚指輪をはめているというのなら，(これまで交際していた) 彼女とボブはとうとう結婚したのに違いない」と解釈される。両方の例において，主節の must は条件節の事柄について，その理由を「説明」している。それゆえ，主節のモダリティは条件文の事柄と密接な相関関係があることがわかる。

なお，日本語では，「伝聞タイプ」の条件文に，「ば」や「たら」ではなく，「(という) のなら」が用いられることは興味深い。準体助詞「の」は，それが率いている文の内容を事実的に響かせる。

(16) [太郎ほどの選手が負けた] (という) のなら，相手はよほど強かった {のに違いない／のだろう／のかもしれない}。

(17) [教室に学生が一人も来ていない] (という) のなら，今日は休講な {のに違いない／のだろう／のかもしれない}。

最後に，次の例 (ドイル「まだらの紐」から) における条件節と主節の must の関係はどうであろうか。

(18) Yet *if the lady is correct in saying that the flooring and walls are sound, and that the door, window, and chimney are impassable*, then her sister *must* have been undoubtedly alone when she met her mysterious end. (A. C. Doyle, "The Speckled Band")（斜体筆者）

ホームズとワトスンは，事件の依頼人ヘレン・ストーナから話しを聞く。床や壁には異常はなく，ドアも窓も煙突も通れないという彼女の証言が正しいとすると，彼女のお姉さんが変死した時には，一人だったとしか考えられない。この場合，ホームズはヘレンの証言に基づいて，一つの必然的な結論を導き出しており，主節の must はその必然的な結論づけのために用いられている。「... とすると」という if の意味は，未来の事柄の「予測タイプ」ではない。むしろ「伝聞タイプ」の一種ではなかろうか。

3.　条件節の事柄と主節のモダリティとの相関関係

はじめに，次の例を考えてみよう。

(1) If it's a fine day, he'*ll* take a walk in the park after lunch. (Johannesson (1976: 73-74))

Johannesson (1976: 73-74) によれば，この文は，コンテクストしだいで２通りに解釈できるという。一つの解釈は「性質・習慣タイプ」（澤田 (2014c: 256ff.)）であり，「天気がいい日には，彼は（いつも）昼食の後は公園を散歩する」を意味する。この場合，if it's a fine day という条件節の内容（＝天気がいい日には）は現在の習慣的な状況を述べており（よって，時制の一致の後方転移は起きていない），he'll take a walk という主節（＝散歩する）の法助動詞 will は「習性」の will である。この解釈の場合，次のように書き換え可能である。

(2) If it's a fine day, he'll take a walk in the park after lunch.
(3) {When/Whenever} it's a fine day, he takes a walk in the park after lunch.

もう一つの解釈は「予測タイプ」（澤田（2014c: 263ff.））であり，「（明日）天気がよければ，彼は昼食の後に公園を散歩する」を意味する。この場合，if it's a fine day という条件節の内容（＝天気がよければ）は明日なら明日という未来の特定の状況を述べている（よって，時制の一致の後方転移が起きている）。he'll take a walk という主節（＝散歩する）の will は，予測（＝単純未来）の will である。

では，次の例を考えてみよう。この例は2通りに多義的である。

(4) *If you already know the answers*, you *will* pass the exam. (Leech (2004[3]: 64))

Leech（2004[3]: 64）は，この例の多義性について，"knows the answers now or know the answers when you take the exam" と説明している。一つの読みは①「伝聞タイプ」であり，もうひとつの読みは②「（未来）予測タイプ」となる。前者の場合「（たとえば，問題を不正に入手して）あなたが今すでに答えがわかっているというのなら」と解釈され，後者の場合「あなたが試験を受けた時に答えがわかったら」と解釈される。前者においては,「(たとえば,問題を不正に入手して）あなたは,もうすでに答えがわかっているというのなら,（明日試験を受けたら）試験に受かる」というように,文末に予測的条件文（=…したら）を補って解釈されよう（第2節の例（7）と同じタイプである)。一方,後者においては,「あなたが試験を受けた時に答えがわかったら試験に受かる」というように解釈可能である（この場合,時制の一致の後方転移が起きている)。いずれの場合にも,主節のモダリティは条件文の事柄と密接な相関関係が読み取れる。

よく知られているように,「仮想的過去（=仮定法過去)」の条件文においては,条件節では仮想的過去形が用いられ,主節（=帰節）では仮想的 would（=…なのに（なあ))が用いられる。主節のモダリティ（=反実仮想）と条件節の事柄との間には密接な相関関係がある。

この点を考慮に入れて,次の例を考えてみよう。

(5)　*If he left his bicycle outside* someone *would* steal it.
(Thomson and Martinet (1986[4]: 199))

Thomson and Martinet (1986[4]: 199) によれば,条件節は仮想の事柄を想定している。仮想的 would を,①「未来仮想」と取るか,それとも②「現在仮想」と取るかは,条件節の中の動詞が表す事柄の時間に左右される。すなわち,条件節の事柄は,①の「未来仮想」の解釈では,「将来そういうことはあるまい」と想定されており,一方,②の「現在仮想」の解釈では,「現在そういうことはない」と想定されている。よって,前者は,「(将来そういうことはあるまいが）仮に彼が自転車を家の外に置くようなことでもあれば，誰かに盗まれてしまう」という読みとなる。一方，後者は，「(彼女は慎重だから現在そういうことはしていないが) 仮に彼が自転車を家の外に置いていたりしたら，誰かに盗まれてしまう (＝ここは治安があまりよくない)」という読みとなる。もし動詞left の代わりに were to leave が用いられておれば，①の「未来仮想」としか解釈できない。

(6) *If he were to leave his bicycle outside* someone *would* steal it. (Thomson and Martinet (1986[4]: 199))

では，次の例では，主節のモダリティは条件文の事柄とどのような相関関係があるのであろうか。

(7) a. *If he found the ring*, he *must* have kept it hidden.
b. *If he found the ring*, he *would* keep it hidden.
(Johannesson (1976: 78))

これら二つの文では，条件節は同じ形をしているが，主節は違っている。まず，(7a) は「伝聞タイプ」であり，「(昨日) 彼がその指輪を見つけたというのなら，(まだ届けていないところをみると)「彼はねこばばをきめこんだ (＝その指輪は自分で隠し持っている) のに違いない」という，過去推量を意味している。この場合，if he found the ring という条件節の事柄 (＝彼がその指輪を見つけたというのなら) は，伝聞的な内容である (if＝「～というのなら」)。話し手は誰かから「彼がその指輪を見つけた」と聞いたので，不審の念を抱き，「彼はねこばばをきめこんだのに違いない」と判断したのである。ここで注意すべきことは，(7a) の条件節中の動詞 found が，仮想的過去形ではなく，現実的 (すなわち，直説法の）過去形であるということである。すなわち，彼がその指輪を見つけたことは実際に起こった現実の出来事であると想定されている。話し手は，自分がそのことを目撃したのではないので，if 節を用いて伝聞的に述べたのである。

一方，(7b) は「未来仮想タイプ」であり，「（将来そういうことはあるまいが）彼がその指輪を見つけたりしたら，彼はねこばばをきめこむ」を意味する。この場合，if he found the ring という条件節の事柄（＝彼がその指輪を見つけたりしたら）は，実際に起こった現実の出来事ではなく，ありそうにない非現実的な未来の事柄を仮想しており，he would keep it hidden という主節（＝彼はねこばばをきめこむ）の would は，仮想的 would である（仮想的 would は 100％の確からしさを表している）。

さらに，次の例はどうであろうか。

(8) a. If you left your umbrella at the post office, somebody *may have* taken it.
b. If you left your umbrella at the post office, somebody *might* take it.

(Johannesson (1976: 78))

これら二つの文も，条件節は同じ形をしているが，主節の形は違っている（一方は法助動詞＋完了形であり，もう一方は法助動詞＋原形である）。

まず，(8a) は「伝聞タイプ」であり，「（たとえば，昨日）郵便局に傘を置き忘れたというのなら，（今ごろは）もう誰かに持っていかれたかもしれない」を意味する。この場合，if you left your umbrella at the post office という条件節の事柄（＝郵便局に傘を置き忘れたというのなら）は伝聞的な事柄である。話し手は聞き手からそう聞いたので，「(今ごろは）もう誰かに持っていかれたかもしれないな。注意しないとね」と答えたのである。ここで重要なポイントは，(8a）の条件節中の動詞 left が，仮想的過去形ではなく，現実的過去形であるということである。すなわち，聞き手が郵便局に傘を忘れたことは，現実の出来事であると想定されている。その証拠に，(8a）の条件節に yesterday を挿入したり，帰結節に認識的 must を用いたりして，次のように表現することが可能である。

(9) If you left your umbrella at the post office *yesterday*, somebody {*may/must*} have taken it.
(昨日郵便局に傘を置き忘れたというのなら，今ごろはもう誰かに持っていかれた {かもしれない／に違いない} よ。)

一方，(8b）は「未来仮想タイプ」であり，「(あなたは用心深いから将来まずやらないとは思うが）仮に郵便局に傘を置き忘れたりしたら，誰かに持っていかれてしまうかもしれない」を意味する。この場合，if you left your umbrella at the post office という条件節の事柄（＝郵便局に傘を置き忘れたりしたら）は，ありそうにない非現実的な未来の事柄を予測しており，somebody might take it という主節（＝誰かに持っていかれてしまうかもしれない）の法助動詞 might は仮想形であり，基本形である仮想的 would が might に変化したものである。すなわち，might＝perhaps would（＝もしかすると…だ）という等式が成立する。ここで注意しなければならないことは，(8b）の条件節中の動詞 left が，現実的過去形でなく，仮想的過去形であるということである。このことから，

(8b) の条件節には yesterday を挿入することはできないが，tomorrow を挿入することはできると予測されるが，この予測は次の例によって裏付けられる。

(10) If you left your umbrella at the post office {**yesterday*/*tomorrow*}, somebody *might* take it.

では，(8b) を，(8a) におけるように，「伝聞タイプ」に解釈することはできないであろうか。実はそれは可能である。それは次のような読みの場合である。「郵便局に傘を置き忘れたというのなら，誰かに持っていかれるかもしれないよ。」この場合，if you left your umbrella at the post office という条件節の事柄（＝(昨日）郵便局に傘を置き忘れたというのなら）は，すぐれて伝聞的な内容である。話し手は聞き手からそう言われたので，「(すぐに取りにいかないと）誰かに持っていかれるかもしれないよ。急いだほうがいいよ」と忠告したのである。また，この場合の somebody might take it（＝誰かに持っていかれるかもしれない）という，主節の might は認識的 may とほぼ同義である。それゆえ，この読みの下では，条件節に yesterday を挿入して，次のように述べることが可能である。

(11) If you left your umbrella at the post office *yesterday*, somebody {*might*/*may*} take it.
(昨日郵便局に傘を置き忘れたというのなら，(今日か明日には）誰かに持っていかれるかもしれないよ)

ここで注意しなければならないことは，この解釈の下では，(8b) や (11) の条件節中の動詞 left が，仮想的過去形ではなく，現実的過去形であるということである。

よく知られているように，仮想的 would と呼応する仮想の条件は，if 節でなく，主語の名詞句や不定詞によって「言外に」表される場合もある。たとえば，以下の例では，

(12) *A wise student would* choose this dictionary.

(『ユースプログレッシブ』(初版))

「賢い学生だったら，この辞書を使うのになあ」と述べられている。主語の “A wise student” が仮想的 would と相関関係にある。

さらに，下の例（『オリエント急行殺人事件』第 2 部第 15 章「証拠の手荷物」から）では，不定詞が仮想的 would と相関関係にある。

(13) ‘Well, we have made a start and drawn a blank,’ observed M. Bouc.

‘Whom shall we tackle next?’

‘*It would be simplest, I think, just to proceed along the train carriage by carriage.* That means that we start with No. 16—the amiable M. Hardman.’

(A. Christie, *Murder on the Orient Express*)（斜体筆者）

(「やれやれ，最初の荷物検査は初めから失敗に終わりましたな」とブーク氏が言った。

「次は誰にしましょうか？」

「思うに，車室から車室へと順番にまわるのがいちばん簡単です。となると，十六号—あの人当たりのいいハードマン氏からということになりましょう」)

斜体部において，文法的には，仮主語の it は just to proceed

along the train carriage by carriage（単に車室ごとに列車の中を順番に進んでいくこと）を指しているが，意味的には，指し示された事柄は仮想的な条件性を帯びており，仮想的 would と相関関係にある。こうした，仮想的な条件を言外に持つ仮想的 would は以下のような例にも見られる。

(14) Tom might try to pay Jane, but she *would* never take any money.
（トムはジェーンに金を払おうとするかもしれませんが，（たとえ支払われても）受け取る気持ちは彼女にはさらさらありません）　（『小学館プログレッシブ英和中辞典』（第3版））

この場合，「たとえ彼が彼女に金を払おうとしても」(even if he tried to pay her) という仮想的な条件が隠れている。

4. that/for 節

最初に，補文標識と法助動詞 would との相関関係を見ておきたい。Bresnan（1972）に沿って，今，基本的に，that 補文は「定である (definite)」事柄を，for 補文は「未定である (non-definite)」事柄を表すと想定してみよう。ここでは, Bresnan（1971, 1972）の古典的な分析に基づいて，補文標識を以下のように図式化することにする。

(1)

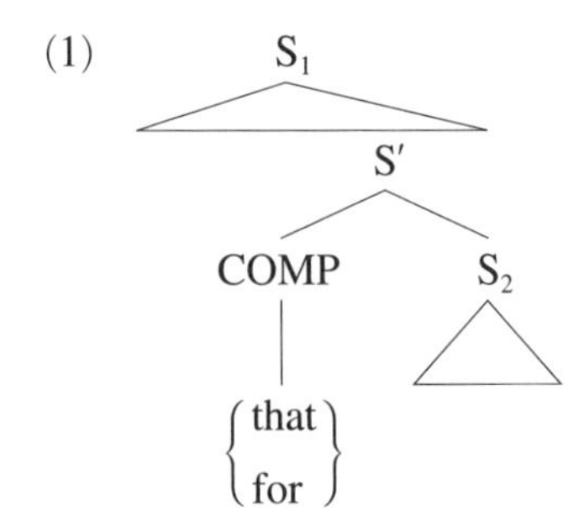

以下の例を考えてみよう。

(2) a. It's rather odd *that* a man is chairing a women's meeting.

b. ?It's rather odd *for* a man to be chairing a women's meeting.

(3) a. *It's always rather odd *that* a man is chairing a women's meeting.

b. It's always rather odd *for* a man to be chairing a women's meeting.

(Bresnan (1972: 71))

Bresnan によれば，(2b) の場合，母語話者の判断は，for 補文の適格性について，かなり大きく揺れるという。適格とする人もいれば不適格とする人もいる。しかし，副詞 always を挿入した (3) になると，適格性は劇的に変化するという。すなわち，that 補文は，(2a) の場合には完全に適格であるが，(3a) の場合には不適格である。一方で，for 補文においては，(2b) の場合にはすわりが悪いが，(3b) の場合にはごく自然である。こうした違いはどこから来るのであろうか。

上の例に関して，①副詞 always は，「(もし…であれば) いついかなる場合であれ」，「(もし…であれば) 場合を問わず」を意味する，② that はその補文が「定である」ことを示す，③ for はその補文が「未定である」(仮想的・条件的) ことを示すと想定してみよう。すなわち，for 補文や always には「仮想性」や「条件性」がある。すると，上の例は，次のように解釈可能である。

(4) a.　(現状のように) 男性が女性の会議の議長をしていること (の) はちょっとおかしい。

b.　(将来) 男性が女性の会議の議長をしているようなことでもあれば，ちょっとおかしい。

(5) a.(?) (現状のように) 男性が女性の会議の議長をしていること (の) は，いついかなる場合でも，ちょっとおかしい。

b.　(将来) 男性が女性の会議の議長をしているようなことでもあれば，いついかなる場合でも，ちょっとおかしい。

that 補文には，「(現状のように) 男性が女性の会議の議長をしている」という前提があり (=已然)，for 補文には，「将来，男性が女性の会議の議長をするようなことがあれば」というように，こうした前提はない (=未然)。それゆえ，for 補文と異なって，that 補文は副詞 always と共起しない。

Bresnan は，さらに，以下の例を挙げている。

(6) a.　It would be odd *that* a man is chairing a women's

meeting (but for the fact that ...)

b. It would be odd *for* a man to be chairing a women's meeting.

(Bresnan (1972: 72))

(6a) でも,「(現状では) 男性が女性の会議の議長をしている」ということが前提となっている。そして,この事柄は,万一ある条件が生じるとおかしいことになると主張されている。丸括弧内に補われた but for 節は if it were not for/without 節と同義であり,「...がなかったら」を意味するが,たとえば,以下のように続けることができるとされる。

(7) It *would* be odd that a man is chairing a women's meeting *but for the fact that no women are available for the chair.*

この例は,次のように解釈される。「現実には議長になれる女性は誰一人としていないのだが,仮にそういった事実がもしなかったら,(現状のように) 男性が女性の会議の議長をしていること(の) はおかしいことになる」。(7) で重要なことは,主節の仮想的 would と but for 節とが相関関係にあるということである。両者は仮想性という点で共通している。換言するならば,but for 節が補われなかったらこの例は不適格になるということである。

(7) の例の構造は (8) のように表示される。

(8)
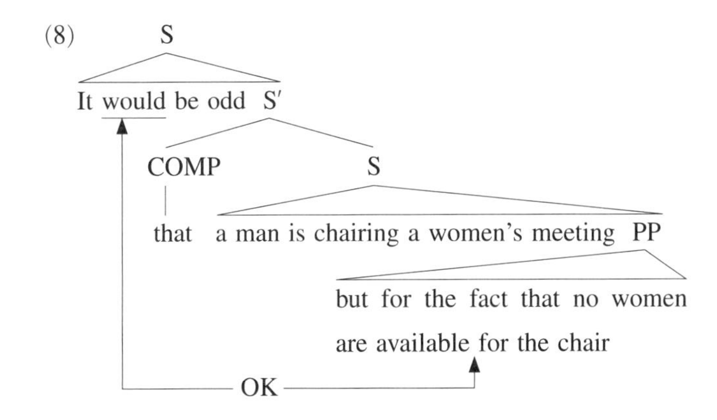

(6a) の場合，that 補文の事柄（＝(現状のように) 男性が女性の会議の議長をしていること）は現在の事実であり，条件や仮想の事態ではない。すなわち，その事柄は，仮定の副詞 always や仮想的 would が持つ「仮想性」から独立した現実の事柄となっている。それは，補文標識 that によって防御された「島」と言ってよい。それゆえ，下の樹形図で示されるように，that 補文は主節の仮想的 would とは直接呼応しない。すなわち，that 補文と仮想的 would の間には相関関係は存在しない。それゆえ，(6a) においては，but for 節を補う必要がある。

(9)
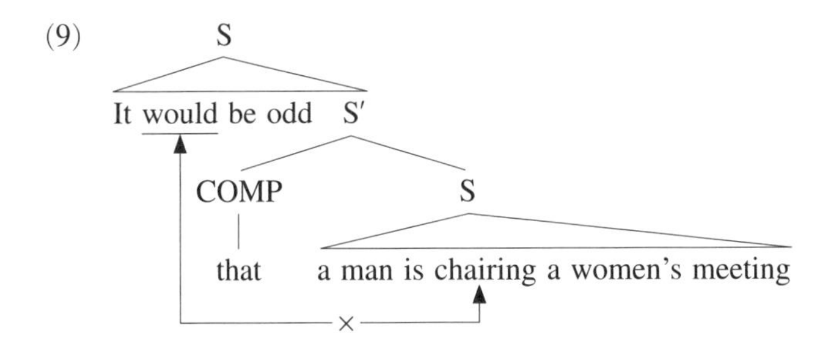

一方，(6b) の場合，for 補文には「条件性」や「仮想性」が内在していると想定するならば，「(ないとは思うが) (仮に) 男性が女性の会議の議長をするようなことでもあれば，おかしいことになる」と解釈される。(6b) で重要なことは，主節の would と for 補文とが相関関係にあるということである。両者は仮想性という点で共通している。それゆえ，(6b) においては，but for 節を補う必要はない。

for 補文の場合，「もし男性が女性の会議の議長するようなことがあれば」というように，その事柄は仮定・仮想の事柄として捉えられている。それゆえ，下の樹形図で示されるように，for 補文は主節の仮想的 would と直接呼応する。すなわち，for 補文と仮想的 would の間には相関関係が存在する。

(10)

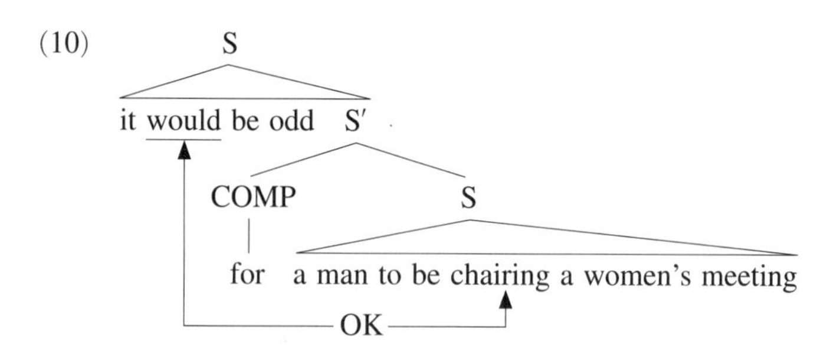

5. 分詞節

本節では，主文と埋め込み文の相関関係として，分詞構文の解釈に焦点を当てる。分詞構文では，以下に図示されるように，分詞節は副詞的な機能を持って，主節を修飾する。

(1)
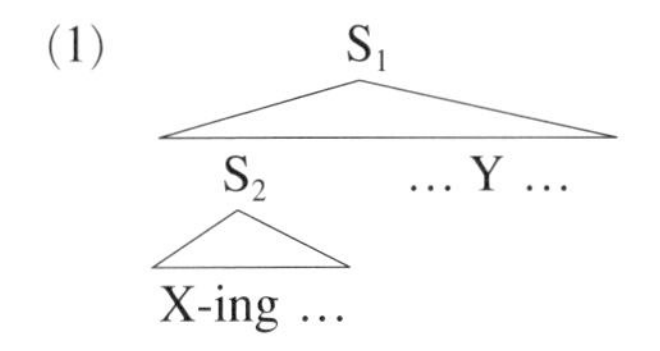

一般に，分詞構文は，意味的には，伝統的に，時，付帯状況，条件，原因・理由などに分かれる（『新英語学辞典』，『現代英文法辞典』など参照）。

Stump（1985）は，分詞節を「付加語」（=連用修飾語）と称し，「強い付加語」と「弱い付加語」に大別した。

(2)　付加語
- 強い（=個体レベル述語）（=永続的特質）
- 弱い（=局面レベル述語）（=一時的状態）

分詞節の解釈に際しては，以下の傾向が認められる（Stump（1985: 41ff.）），澤田（2016a: 107ff.））。

(3)　「強い付加語」が生起している場合には原因・理由と解釈される傾向がある。

(4)　主節に未来性を持つ法助動詞（e.g. will, would, etc.）が生起している場合には，条件と解釈される傾向がある。

「強い付加語」とは，その事柄が実際に成立していること（=已然）を，「弱い付加語」とは，その事柄はまだ成立してはいないこと（=未然）を示している。「強い付加語」に属する述語は「個体レベル述語」であり，「弱い付加語」に属する述語は「局面レベル述語」である。「個体レベル述語」（e.g. intelligent, tall）とは，ある局面・状況，あるいは時間・条件に限定されることなく，いつでも永続的に成立しているような述語である。「強い付加語」と称されるのはこのためである。強い付加語から成る分詞節は，通例，原因・理由と解釈され，時，条件，付帯状況などには解釈されようがない。強い付加語は時間を超えているからである。一方，「局面レベル述語」(e.g. available, sick) とは，ある局面・状況あるいは時間・条件の下でのみ，一時的に成立しているような類の述語である。その内実は局面ごとに（極端に言えば，一瞬一瞬）変化する。よって，弱い付加語から成る分詞節は，通例，時，付帯状況，条件と解釈され，原因・理由などには解釈されにくい。弱い付加語は時間に支配されているからである。

では，こうした観察を考慮に入れたうえで，以下の例を比較してみよう。

(5) Wearing (=If he wore) that new outfit, Bill would fool everyone. (Stump (1985: 41))
（新しい衣装をまとったら，ビルは皆をかつぐことになる）

(6) Being (=Because he is) a master of disguise, Bill would fool everyone. (Stump (1985: 42))
（変装の名人なので，（たとえば，仮面舞踊会に出るようなことでもあれば）ビルは皆をかつぐことになる）

まず，(5) では，Wearing that new outfit（新しい衣装（靴，帽子，装身具も含む）をまとったら）という分詞節はその時だけの一時的な事柄を表しているので，「弱い付加語」に属する。この場合，主節に仮想的 would が生起している。この would は条件節を必要とする。それゆえ，分詞節は「条件」と解釈されることになる。(5) で重要なことは，主節の仮想的 would と Wearing that new outfit という分詞節とが直接呼応しているということである。両者は仮想性という点で共通している。すなわち，主節の would と分詞節の間に相関関係が存在する。

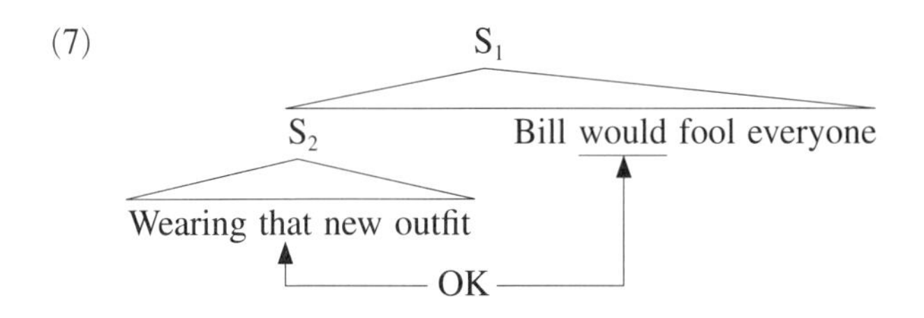

一方，(6) はどうであろうか。この場合，Being a master of disguise（変装の名人である）という分詞節は，ある局面・状況に限られることなく，いつでも永続的に成立している事柄を表しているので，「強い付加語」に属する。

(6) で重要なことは，分詞節の事柄（＝変装の名人であること）が永続的な事柄であり，条件や仮想の事柄ではないということである。すなわち，その事柄は，主節の would が持つ「仮想性」から独立した現実の事柄である。それは，分詞節の -Ing によって防御された「島」と言ってよい。

しかし，一方で，主節には仮想的 would があり，この語は分詞節が「条件」であることを要求する。これは二律背反である。これはどのように和解させるべきであろうか。

一つの解決策は，Being a master of disguise という「原因・理由」の分詞節は，この文全体の「前置き」と解釈し，主節の仮想的 would が表す「条件」とは独立しているとみなすことである。すなわち，別途，would が要求する「条件節」（たとえば，if he went to a masked ball（仮面舞踊会に出るようなことでもあれば））

を補うことである。こうした条件節が補われなかったら，この文全体は不適格となってしまう。

(8)

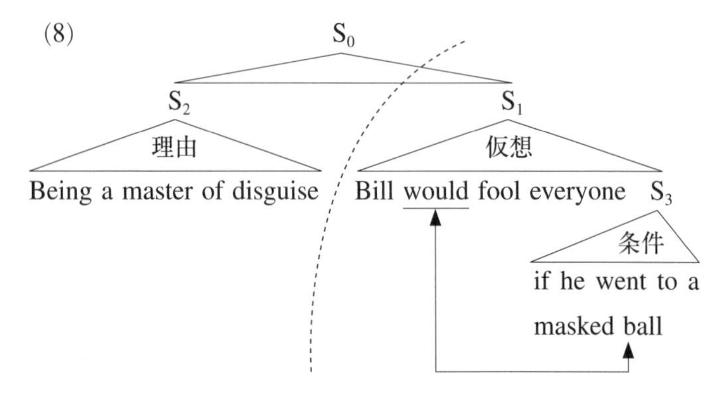

上の図から次のことがわかる。すなわち，原因・理由の分詞節 S_2 は，主節の内容から独立した，一種の「前置き」である。それは，「外側」から（より上から）主節を修飾しているにすぎない。一方，仮想条件の if 節 S_3 は主節の内容に近く位置して，「内側」から（すなわち，下から）主節 S_1 を修飾している。この場合，主節の would と if 節の間には密接な相関関係が存在する。

本章では，モダリティを相関関係から捉える分析法として「相関性の原則」を提唱した。この原則によれば，主節に存在するモダリティと従属節の要素との関係や，主節のモダリティと従属節のモダリティとの関係などが明らかになり，意味解釈する際に視野が広がることが期待される。

第6章

モダリティと動機づけ
―相関性の観点から―

1. はじめに

モダリティや言語行為の中には，なぜそのモダリティを発したのか，なぜその言語行為を遂行したのかが問われるものがある。モダリティや言語行為に関するこうした「理由」を，ここでは，「動機づけ」(motivation) と称しておきたい。本節では，モダリティを根底から理解するためには，そのモダリティを支えている「動機づけ」とは何なのかを考慮に入れなければならないことを論じる（より詳しくは，澤田 (2006: 302ff.)，長友 (2012) ほか参照)。このことは，モダリティや言語行為は，しばしば，それら単独で成立するのではなく，その動機づけと相関関係，協働関係にあることを示唆している（より詳しい議論に関しては，澤田 (2006: 302ff.) 参照)。

はじめに，次の例を考えてみよう。

(1)　食事のあとは，雅世が持ってきて佳菜子が冷蔵庫に入れておいたチョコレートケーキを食べることになった。

雅世が泊まっているホテルは渋谷のセルリアンだという。高いところからの東京を久しぶりに見たくて，高層階に部屋を取ってあるのだという。チョコレートケーキはその近くにあるデパートの食品売り場で買ってきたらしい。

「ときどき，この店のチョコレートケーキが無性に食べたくなることがあって，自分が食べたいので買ってきたようなものなんですよ」

そういう雅世に広岡が訊ねた。
「コーヒーはどうします」
「…………？」
雅世は質問の意味がわからないというように広岡の顔を見た。
「夜ですけど，カフェインの入ったものを飲んでも平気ですか」
「もちろん，いただきます。レストランなら，エスプレッソをダブルでと頼むところです」

（沢木耕太郎『春に散る』）（下線筆者）

「コーヒーはどうします」という広岡の問いかけは，「コーヒーをいれますが，あなたはお飲みになりますか？」という意味である。雅世は「なぜそういうことを尋ねるのか」と，とまどった。それは，コーヒーを飲むことを断るなどということを考えてもみなかったからであろう。「もちろん，いただきます。レストランなら，エスプレッソをダブルでと頼むところです」という答えがその証拠である。

このように，私たちは，相手の用いたモダリティの意味や相手のする言語行為の意図がはっきりしない場合には，「なぜ？」と問う。下の例を考えてみよう。2006年5月中旬，世界自然遺産の白神山地のふもとの町で，小学1年生の男子児童が自宅に近い公園で友だちと別れた後で行方不明になり，翌日川岸の道路脇の草むらで遺体で発見されるという事件が起こった。葬儀の日，母親は棺の中に顔をうずめて泣いていたという。あまりに痛ましい光景である。

(2) ふたを閉めても，棺を抱きしめてさする姿が，耐えられなかった。事件が動き出す気配に「なぜ，あの子が亡くならなければいけなかったのか。本当のことを早く知りたい」と話した。

（『朝日新聞』2006年6月5日）（下線筆者）

下線部の「なぜ，あの子が亡くならなければいけなかったのか」は，次の表現とどう違うのであろうか。

(3) なぜ，あの子は亡くなったのか。

(3) の「なぜ，あの子は亡くなったのか」は，単にその子が亡くなった原因，すなわち死因を尋ねているにすぎないが，(2) の下線部の「なぜ，あの子が亡くならなければいけなかったのか」には，はるかに深くて重い意味が潜んでいるように感じられる。すなわち，後者の場合，「なんの罪もないあの子が亡くなるなんて，とうてい理解し難い。この世にそんな理不尽で不条理なことがあっていいものか。どのような必然性があって，あの子は亡くなったのか」と，母親は悲しみの中で問うている。(2) と (3) の違いは，次の例を比較することでいっそうはっきりする。

(4) *いつ，どこで，あの子が亡くならなければいけなかったのか。

(5) いつ，どこで，あの子は亡くなったのか。

(5) と違って (4) は不適格である。

ここで，(2) の下線部の「なぜ」は束縛的モダリティを表す「なければいけない」を修飾し，(3) の「なぜ」や (5) の「いつ」,

「どこで」は動詞「亡くなる」を修飾していると想定してみよう。(2) から (5) のデータは，疑問詞「なぜ」と「いつ」や「どこで」とは修飾のレベルが異なることを示唆している。すなわち，「なぜ」は「なければいけない」といった束縛的モダリティを自由に修飾できるが，「いつ」や「どこで」の場合，束縛的モダリティを修飾するには制約があるということである。

2. 義務的な心的態度とその表現

論理学的に言えば，義務とは，法的，道徳的な観点から見た行為の必然性である。しかし，言語学的に言えば，行為だけでなく状態も，そして義務だけでなく，必要，必然性，強制，決意，勧誘，宿命・運命，固執などさまざまな意味をカバーしている。

(1) あの男の子が，いつか藤沢の喪中の田倉宅で会った青年と顔が同じだと分かった以上，その横にならんでパラソルをかざしている畑中善一の恋人は，当然，田倉善三の妻でなければならぬ。

(松本清張『蒼い描点』)（下線筆者）

(2) ——遺言状の文句が，まだあたたかいうちに，話をつけておかなければならない。そう思っているときに，仙六から七回忌の通知がとどいたのである。

(藤沢周平『一茶』)（下線筆者）

(3) 人はいつか死ななければならない。

(1) の「田倉善三の妻でなければならぬ」は論理的必然性であり，(2) の「話をつけておかなければならない」は主人公（=一茶）の決意であり，(3) の「いつか死ななければならない」は生きとし生けるものの定めである。

ここで，「ねばならない」を論理的に分析してみよう。「なる」を P（=可能である），事柄（=命題内容）を p で表すならば，次の式が成立する（「～」は否定の論理記号）。

(4) 「ねばならない」= ～ P ～ p

このように分析してみると，「ねばならない」とは，「そうでないことは可能ではない」というように，二重の否定によって成り立っていることがわかる。

下の例に見られるように，「ねばならない」を縮めた言い方に「ねば」という言い方がある。

(5) ――とにかく急がねば。

というのが，秀吉の最大課題であった。

（司馬遼太郎『新史太閤記』）（下線筆者）

一見すると，「ねば」は「ねばならない」と意味は変わらないように見える。しかし，次の例からわかるように，両者は必ずしも同義ではない。

(6) a. 毎晩この薬を飲まねばならない。

b. 毎晩この薬を飲まねば。

(6a) の「毎晩」は，以前から続いている習慣としての毎晩とも，これからスタートする日課としての毎晩とも解釈できるが，(6b) の「毎晩」は後者の意味での毎晩としか解釈できない。この観察が正しいことは，次の例で，(7b) が非文であることからも裏付けられる。

(7) a.　このところ毎晩この薬を飲まねばならない。
　　b. *このところ毎晩この薬を飲まねば。

3.　義務表現の意味構造

義務表現の意味構造を明らかにするには，文の意味を立体的にとらえて，「誰が誰にその義務を課しているのか」を問うことが重要である (Lakoff (1972)，Tredidgo (1982)，澤田 (2006) など)。

Tredidgo (1982) は英語の法助動詞 must の意味を分析するにあたって，義務づけという行為の主体と客体として，それぞれ，X，Y という因子を設定した。

(1)　a must b = X DEMAND Y—Y CAUSE—ab

すなわち，must の意味構造とは「X が Y に対して [a が b する] という命題内容を引き起こすように要請する」ということである。要請（時には，命令）は抽象的な動詞 DEMAND によって表されている。X，Y の正体がその文からははっきりしないことがある。そのような場合，私たちは語用論知識によらなければならない。ここに，語用論と心的態度の接点がある。たとえば，X は相手に従わせるだけの力 (force) を持った存在でなければならない。X は話し手だけとは限らず，法，慣習，当局，国家，神，運命なども X となり得る。興味深いことに，次の例では，X =「票」である。

(2)　これに対して，票田に強く結びつく陳情には，たとえ絶望的な困難があろうと,「票」の圧力から,なんとしてでも達成に邁進しなければならない。

(松本清張『迷走地図』)(下線筆者)

(2) では,「票」,すなわち選挙が議員や秘書に圧倒的な「力」を行使しているという,いわゆる「力のダイナミックス」の図式が読み取れる (Talmy (1988), Sweetser (1990))。

4. 義務づけのための動機づけ

次の例を考えてみよう。

(1) (そういうひとだ)

と家康は柴田勝家という人物の身勝手さがおかしくなった。

「なんのためにわしが三七信孝をたすけねばならぬ」

理由がなかった。理由は勝家の側にこそあるが,家康の側にはない。 (司馬遼太郎『新史太閤記』)(下線筆者)

この例では,柴田勝家(=X)から,三七信孝を助けてほしいという要請を受けた家康(=Y)が,そのような身勝手な要請(=圧力)には大義名分がないと述べている。この例からわかることは,義務を行使する(あるいは行使される)にあたってはそれ相応の動機づけが必要であるということである。

ここで,下に示されるように,義務づけのスキームが,X,Y,p,Z,という四つの因子によって表示できると想定してみよう。

(2)

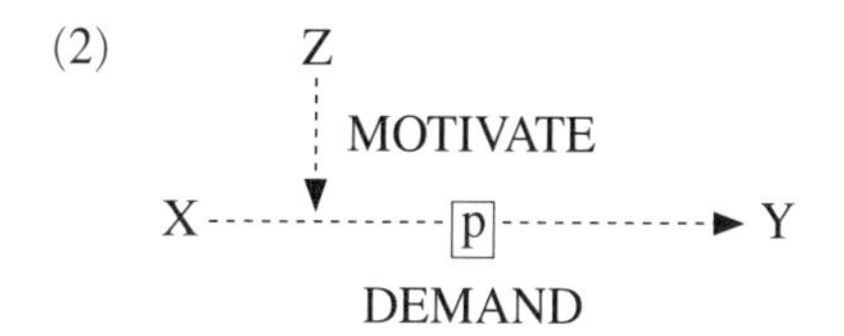

このスキームにおいて，X は義務を課す主体であり，義務の起点（source）である。Y は義務を課される存在であり，義務の着点（goal）である。X が話し手で，Y が聞き手である場合，義務は「命令」となりやすい。p は実行すべき義務の内容である。Z は義務づけのための動機づけ（理由・目的・条件など）である。

(1) では，Z は「なんのために」という句で表されていた。(3) では，Z は「信長が死に」という文である。

(3)　ところが信長が死に，一益は自分で自分の方針をきめねばならなくなった。これがかれを不幸にした。

（司馬遼太郎『新史太閤記』）（下線筆者）

Z は理由だけではない。次の例では目的である。

(4)　三島市にあった大場川に架かる鮎止（あゆどめ）橋前に大きなフェンスがありアユではなく人の通行を止めてしまっている。橋を渡るには一キロ先の遊歩道を利用しなければならない。

（『静岡新聞』1998 年 8 月 12 日）（下線筆者）

「橋を渡るには一キロ先の遊歩道を利用しなければならない」という文において，「橋を渡るには」は動詞「利用する」（＝義務内容 p）ではなく，「なければならない」という義務表現を修飾していると考えられる。

では，次の例を考えてみよう。

(5) そして，もしその算盤が自分の置いた位置から少しでも動いていると，誰かがきっと叱られなければならなかった。（下村湖人『次郎物語』）（下線筆者）

この場合，X は明示されていない。あえて語用論的に解釈すれば，その家のしきたり，家風であろうか。そして，Z は「算盤が動いていると」という条件であり，この条件が引き金となって，その義務が発生すると考えられる。

興味深いことに，義務だけがあって，その理由・動機づけがないと，「なぜ」という言葉が発せられる。以下の例を参照。

(6) 島津竜伯入道はまゆをひそめ，
「徳川殿が？」
といって，しばらくだまった。やがて，徳川殿も妙なことをなさる，なぜ自分と懇親を結ばねばならぬ，とつぶやいた。むろん，竜伯は家康の真意がわかっているのである。（司馬遼太郎『関ヶ原』（上））（下線筆者）

5. 動機づけの内在化

次の例を考えてみよう。

(1) ところで，大名ともなれば多数の家来を召しかかえなければならない。
秀吉は殿中でふと，

「佐吉，そなたを大名に取りたててやったがその後，
いかほどの家来を召しかかえたか」とたずねた。

（司馬遼太郎『関ヶ原』）（下線筆者）

大名が多数の家来を召しかかえなければならないのはなぜであろうか。その理由はこの例には表現されていない。理由は「戦国大名」そのものに内在化されているのではなかろうか。戦国の動乱にあって，各大名が自分の領国を支配し，戦に勝ち抜くためにできるだけ強大な家臣団を必要としたのは自明なことなのである。

6.　英語の義務表現と動機づけ

これまで，日本語における義務表現と義務の動機づけに焦点を当てて論じてきた。興味深いことに，われわれの分析は英語の場合にも適用可能である。以下の例（ドイル「赤毛連盟」から）を考えてみよう。

(1)　I perceive that all is as it should be. But *we have to be careful, for we have twice been deceived by wigs and once by paint*.

(A. C. Doyle, "The Red-Headed League")（斜体筆者）

「赤毛連盟」の欠員補充に応募したウィルスン氏は事務所で面接係の男に赤毛を思いきりひっぱられる。あまりに痛くて涙が出た。面接係は，「申し分のない髪です。しかし，私たちとしては，注意せざるをえません。というのは，かつらと毛染めとでこれまで2度もだまされたものですから」と答える。ここで，for 以下

の理由は,「注意せざるを得ない」(we have to be careful) ことの理由であり，こうした必要性の動機づけとなっている。

次の例（ドイル「まだらの紐」から）も同様である。

(2) And now, Miss Stoner, *we must leave you, for if Dr. Roylott returned and saw us, our journey would be in vain.* (A. C. Doyle, "The Speckled Band")（斜体筆者）

ホームズとワトスンは，事件の依頼人ヘレン・ストーナの屋敷に行き，調査を終えた。ホームズは，彼女に,「さあ，私たちはもうおいとましなければいけません。というのは，ロイロット博士が帰宅して見つかったりしようものなら，ここまでやってきたことが水の泡になってしまいますから」と言う。ここでも，for 以下の理由は,「おいとましなくてはいけない」(we *must* leave you) ことの理由であり，こうした決断の動機づけとなっている。

英語においても，義務の動機づけが明示されている文もあれば，されていない文もある。以下の例を比較してみよう（(3) では主観的な must が, (4) では客観的な have to が使われていることに注意)。

(3) You really *must* go to church next Sunday—you haven't been for ages.

(4) Catholics *have to* go to church on Sundays.

(Swan (1995^2: 345))

(3) では，話し手は聞き手に「来週は必ず教会に行きなさい。だって，あなたは何年も行っていないじゃないの」と注意している。「あなたは何年も行っていない」(you haven't been for ages) は「来週必ず教会に行くように命令・要求することの理由であり，義務の動機づけである。

一方，(4) では，義務の動機づけは明示されていない。この文を真に解釈するためには，カトリック教徒の信仰生活を理解しなければならない。キリスト教における教会とはキリストによって召し集められた信仰共同体であるとされる。カトリック教会では毎週日曜日，必ずミサが行われる。カトリック教徒にとってミサに出席しないということは考えられないことである。ミサとは，キリストを信じる人達がパンとブドウ酒を共に食することを通してキリストの永遠の命にあずかる祭儀であるからである。このような背景を考慮に入れるならば，(4) においては，Z は主語の中に内在化されていると考えられる。強いて言えば，「カトリック教徒たろうとすれば」といったことである。

7. 多義性

次の例を考えてみよう (澤田 (2006: 315–319))。

(1) Harry *must* go out *to buy some cigarettes*.

(Antinucci and Parisi (1971: 29))

Antinucci and Parisi (1971: 29) によれば，(1) は ① タバコを買うために外に出なければならない，② タバコを買うためには，外に出なければならない，という2通りの解釈が可能である。一方，次の例は後者の解釈しかできないという。

(2) *To buy some cigarettes*, Harry *must* go out.

(Antinucci and Parisi (1971: 29))

このことは，文頭に置かれた不定詞句（＝タバコを買うためには）は，動詞 go（out）ではなく，「義務・必要」を表す法助動詞 must を修飾していることを示唆している。すなわち，修飾のレベルが異なっている。(2) の文頭の不定詞句の表す目的の概念は「話題化」されていると考えられる。たとえば，誰かが「ハリーがタバコを買いたがっているが，この建物には自動販売機があるかい？」と尋ねたとしよう。その答えとして，(2) の文を発話したとすれば，「タバコを買いに」という目的は旧情報であり，かつ，話題化されている。この場合，重要な情報は「外に出なくてはならない」であり，「外に出ないとタバコを買えない」ということを述べている。一方，「なぜ，ハリーは外に出なくてはならないの？」と尋ねられたような場合には，(2) のように答えることはできない。重要な情報は「タバコを買いに」ということであって，「外に出なくてはならない」ということではないからである。不定詞の直前にコンマがある場合も，(2) と平行した分析が可能である。

(3) Harry *must* go out, *to buy some cigarettes.*
(Antinucci and Parisi (1971: 29))

コンマは動詞 go（out）と不定詞句 to buy some cigarettes を分断する。それゆえ，この不定詞句は動詞 go（out）ではなく，法助動詞 must を修飾せざるを得なくなるのである。

さらに，次の例を見られたい。

(4) Harry *must* go out *to buy some cigarettes to please me.* (Antinucci and Parisi (1971: 29))

この例では不定詞句が二つ存在している。前半の不定詞句 to buy some cigarettes（=タバコを買うために）は動詞 go (out) に，後半の不定詞句 to please me（=私の気に入るためには）は法助動詞 must にかかっている。すなわち，修飾のレベルが異なっている。よって，この例は「私の気に入るためには，ハリーはタバコを買うために外に出なければならない（=外に出てタバコを買わなければならない）」と解釈される。

次の例は，1930年代のアメリカ南部を舞台にしたコールドウェルの抒情的な短編「苺の季節」の中の一場面である。ある日のこと，私（=思春期の少年）はファニーという少女と二人きりで，広大な苺畑で苺の収穫の仕事をした。当時の南部の農場では，子供たちの間で「苺叩き」という遊びがあった。少女の背中の中にこっそりと背後から苺を落とし込み，それを服の上からぴしゃりと叩くというのである。しかし，今日は，どうしたことか，苺は，ファニーの胸にひっついてしまった。「これ（=苺）を取ろうとしたら，肌着も脱がなきゃならなくなるわ」と，彼女が言う。「ぜひ僕に取らせてよ」と少年が懇願する。「指が汁だらけになったらいやだろうから」。

(5) “I’*ll have to* unfasten this too, *to get the berry out*,” she said.
“Let me get it,” I urged. “You don’t want the juice all over your fingers.”
(E. Caldwell, “The Strawberry Season”)（斜体筆者）

少女の発話で，to get the berry out という不定詞句（=目的）の前にコンマが置かれている主たる理由は，不定詞句（=これを取るためには）は，動詞 unfasten ではなく，未来における「必要性」を表す will have to にかかっていることを明示することである。この場合の不定詞句は，文全体を修飾していると考えられるので，意味を変えることなく文頭に移動可能である。これは，修飾のレベルが異なっているからこそ可能となる。

(6) To get the berry out, I'll have to unfasten this too.

(5) と (6) において，不定詞句は文全体を修飾し，その文の話題の機能を果たしている。こうした意味・機能を日本語で示すには，「苺を取るには」と「は」をつけて，目的を話題化することが必要となる。

以上論じたことをまとめると，次のようになる。

(7) 義務表現につく不定詞句は，義務の命題内容を構成している場合と義務の動機づけとなっている場合とに多義的である。後者の読みの場合には，不定詞句の前にコンマを置いてもいいし，不定詞句を文頭に移動してもいい。

このことをより明確にするために次の例を比較してみよう。

(8) a. 本を借りに図書館まで行かねばならない。
b. 本を借りるには図書館まで行かねばならない。

筆者の語感では，(8a) の「本を借りに」は動詞「行く」に，(8b) の「本を借りるには」は「義務・必要」を表す「ねばならない」（あるいは文全体）にかかっているように感じられる。すなわち，修飾のレベルが異なっているのである。その証拠は次の 2 点である。

第一に，(8a) の「本を借りに」は「図書館まで」の後に移動してもいいが，(8b) の「本を借りるには」の場合は，それはできない。

(9) a.　図書館まで本を借りに行かねばならない。
　　b. *図書館まで本を借りるには行かねばならない。

第二に，(8) の「行かねばならない」を「行った」に変えると，(10a) は適格であるが，(10b) は適格性が落ちる。

(10) a.　本を借りに図書館まで行った。
　　b.??本を借りるには図書館まで行った。

たとえ (10b) が適格であるとしても，(10a) とは意味が異なることは明らかである。すなわち，(10b) の状況は，「当時は本は図書館にしかなかった。だから，本を借りようとすればめんどうでも図書館まで行ったものだった」といったものである。(10a) と (10b) との違いは次の対話からも浮き彫りになる。(11) の話し手 B2 の答えは不適格である。

(11) A:　なんのために図書館まで行かねばならないのですか？
　　B1:　本を借りにです。
　　B2: *本を借りるにはです。

以下の実例は，義務の動機づけを表すためには，「…するには」の「には」が不可欠であることを示している。

(12)　長英が大阪で宗城に会うには，宗城がつく前にその地に行っていなければならない。

（吉村昭『長英逃亡』）（下線筆者）

8. 好ましい動機づけと好ましくない動機づけ

よく知られているように，命令文またはこれに準じる文の後で，and 節（＝そうすれば）や or 節（さもないと）が生起する用法がある。こうした場合，and 節や or 節は，前半の発話で述べられた命令，要請，義務，助言などの「動機づけ」となっていると考えられる。

(1) a. Walk down our street *and you'll see kids playing*.
b. Shut up *or I'll lose my temper*.

（Swan（2016[4]: §224））

長友（2009, 2013）は，モダリティ表現の動機づけを①「好ましいもの」と②「好ましくないもの」に分類して，英語の束縛的モダリティ（＝義務・必要）を分析している。たとえば，should と must の例を見てみよう。

(2) "… You *should* read Jane Austen *and then you'll feel better*."　（BNC）（長友（2009: 57））

(3) "… But you *must* come now, Mr. Stevens, *or else you may deeply regret it later*."　（BNC）（長友（2009: 74））

これらの例で注目すべきは，should（＝助言）のような「弱い力」を表出する表現の場合には，and 節（＝そうしたら…になる）が後続し，must（＝命令・要請・切望）のような「強い力」を表出する表現の場合には or 節（＝さもないと…になってしまう）が後続していることである。長友は and 節で示される内容を「好ましい動機づけ」と，or 節で示される内容を「好ましくない動機づけ」と分析している。

興味深いことに，長友 (2009: 59) によれば，(2) においては，and 節を or 節に変えると容認度が落ちるという。or 節は，「好ましくない動機づけ」となっているためであるとしている。

(4) ??You *should* read Jane Austen, or you'll regret later.

（長友 (2009: 59)）（斜体，下線筆者）

日本語でも，たとえば，「??ジェーン・オースティンの『高慢と偏見』を読んでみたら？　そうじゃないと，後で後悔することになるよ」といった発話は不自然に響く。「…してみたら」は弱い提案であり，「後で後悔することになる」は（脅しにも似た）強い表現であるからである。

長友 (2013: 86) は，or 節による動機づけに関して，話し手は「X さもないと Y」により，聞き手に X をするか Y に見舞われるかの二者選択を迫っていると述べている。言い換えれば，X をしなかったら，必然的に Y という，好ましくない状況が生じる，それゆえ，X をしなければならない（もしくは，X をせよ）という論理である。何か好ましくない事態が生じることを表す or 節による動機づけは，義務や助言を表す should とではなく，命令・要請・切望を表す must と調和しやすい。

長友 (2013: 91) は，and 節による動機づけに関して，話し手は「X そうすれば Y」という構文により，X と Y を並列することにより，X をすると Y という良いことがプラスされると述べている。言い換えれば，X をしたら，必然的に Y という好ましい事態が生じる，それゆえ，X をしなければならない（もしくは，X をせよ，X をしたほうがよい，X をすべきだ）という論理である。and 節による動機づけは，命令や要請を表す must とだけでなく，義務や助言を表す should とも，さらには，予測（＝単純未来）の will とも調和する（e.g. Keep thy shop and thy shop will keep thee.（汝の店を維持すれば，店が汝を維持してくれる）《ことわざ》「商い三年」）。

ただし，Miss another class *and* you'll fail.（もう一回授業を休んだら，あなたは不合格だ）（*OALD*[6]），Lend your money and lose your friend.（友に金を貸せば，友を失う）《ことわざ》のような文においては，前半の発話が好ましくない事柄を表している場合，後半の and 節も好ましくない動機づけを表す。X をしたら，必然的に Y という好ましくない事態が生じる，それゆえ，X をしてはならない（もしくは，X をするな）というレトリックとなっている。

最後に，以上の考察に基づいて，以下の例を解釈してみよう。

(5) I *must* go down this road { *and* / *or* } they may find me.

話し手は山中でどの道を下ろうかと思案しているとしてみよう。まず，and を用いた場合には，they は味方（たとえば，救助隊など）を指して，「絶対にこちらの山道を降りよう。そうすれば，彼らが見つけてくれるかもしれない」と解釈される（＝好ましい動機づけ）。この山道の方が人に見つかりやすいのである。一方，or を用いた場合には，they は敵（たとえば，追っ手）を指して，「絶対にこちらの山道を降りよう。さもないと，奴らに見つかってしまうかもしれない」と解釈される（＝好ましくない動機づけ）。この山道の方が人に見つかりにくいのである。

9.　発話の三領域と動機づけ

よく知られているように，Sweetser（1990）は，現実世界領域，認識領域，言語行為領域という三領域の概念に基づいて，接続詞 because における多義性を説明した（さらに，本書〈下巻〉第13章6節参照）。

重要なことは，Sweetser（1990）では，領域の数が三つに限定されていることである。このことは，Sweetser が発話を（i）現実世界（＝事柄），（ii）認識（判断），（iii）言語行為（会話）の三位一体として捉えた結果であると思われる。「三領域仮説」に基づいて，次の例を見てみよう。

(1) a. John came back *because* he loved her.
　　b. John loved her, *because* he came back.
　　c. What are you doing tonight, *because* there's a good movie on.

(Sweetser (1990: 77))

まず（1a）の場合，二つの節を結びつけているのは現実世界レベルの因果性である。すなわち，ジョンが戻ってきたのは彼が彼女を愛していたためである。

次に，（1b）は，一見すると，（1a）の因果関係が逆転しただけのように見えるが，実はそうではない。(1b) は，認識・判断レベルで解釈されなければならない。すなわち，「(さては) ジョンは彼女を愛していたのだな。というのは，彼は戻ってきたから」といった解釈である。この場合，主節は話し手の判断を，because 節は，そのように判断する理由を表している。(1a) が現実世界領域，すなわち，物理的因果性のレベルで解釈される「事実文」であるのに対し，(1b) は認識領域で解釈される「判断文」なのである。

最後に，(1c) の場合，because 節は文全体の「前置き」となって，続けて述べる言語行為 (この場合は，「質問」) の理由を説明している。それは，「今夜何か予定ある？ というのは，いい映画やってるから」と解釈される。すなわち，(1c) は言語行為 (もしくは，会話) 領域で解釈される「言語行為文」である。

以上のことを，「動機づけ」という概念を用いて説明してみよう。すると，(1a) を除いて，(1b), (1c) は，それぞれ，断定 (もしくは，説明) の動機づけ，質問の動機づけとなっている。

次の例は，殺害された男の所持品を調べた結果について述べたものである。

(2)　何か，所持品と認められるはずのもので，紛失している品はないかと調査してみた。
　煙草を持っているのであるから，煙草好きに違いない。それならキセルを所持しているはずと捜してみたが，どこからも出てこない。

(松本清張「天城越え」) (下線筆者)

この例では，「煙草を持っている」ということは，「煙草好きである」ことの物理的原因ではなく，「煙草好きである」と判断する理由を表している。すなわち，そのように判断するための動機づけとなっている。(2) の下線部は次のように言い換え可能である。

(3)　(さては) (この男は) 煙草好きに違いない。というのは，彼は煙草を持っているから。

さらに，「質問の動機づけ」という観点から，次の例を見てみよう。この場面では，小伝馬町の大牢から脱獄した蘭学者，高野長英が門人の内田弥太郎の家を訪れて，これからの身の振り方を相談している。

(4)　「本所回向院(ほんじょえこういん)への立ちもどり期限は，明後日の暮六ッ(午後六時) ということになると存知ますが，これからどのようにいたすおつもりですか？」
内田が，うかがうような眼を長英にむけた。
「どのようにしたら，よいと思う」
長英は，反射的に問うた。
「どのようにしたら，とは？」
内田が，長英の顔を見つめた。

(吉村昭『長英逃亡』(下線筆者)

「どのようにしたら，とは？」という，内田の問いは，長英の質問の意図が理解できなかったためである。なぜなら，火事のために特別に出獄を許された囚人が必ず三日以内に戻らないと，死罪にされるという厳しい掟があるからである。

興味深いことに，Sweetser によると，次の例は「事実文」と「判断文」とに多義的である。

(5) She went, *because* she left her book in the movie theater last night. (Sweetser (1990: 77))

一つの意味は,「彼女は出かけたが, それは, 映画館に本を忘れたからだ」であり, 現実世界レベルの因果関係を表している。すなわち, 映画館に本を忘れたので, そこに取りに行ったのである。もう一つの意味は,「(さては) 彼女は出かけたんだな。というのは, 映画館に本が置き忘れてあったから」であり, 認識世界の因果関係を表している (Sweetser (1990: 77))。2番目の読みの場合, (1b) や (2) と平行して, because 節は前半の主節で表されたように断定するための動機づけとなっている。

10. おわりに

本章では, 日英語の義務表現が表す心的態度を根底から解釈するためには, その義務づけのための動機づけとは何であるのかを考慮に入れなければならないことを論じた。義務づけるということは相手に対して力を行使することである。その力は相手の自由意志を奪い, 緊張関係を生みだしかねない。このことは,「行かねばならない」と「行かなくていい」という文の心理的効果を比較すればわかるであろう。それゆえ, 義務づけには, 相応の動機づけがなくてはならない。ただし, 動機づけが明示されていないこともある。それはグライスの協調の原則に言うように, 話し手が動機づけに関する情報は不要であると判断したためではなかろうか。動機づけは, 語用論と心的態度との合流地点にあるように思われる。

第７章

モダリティの透明化

—束縛的 have to を中心として—

1. はじめに

従来，疑似法助動詞が表すモダリティは，それ単独で分析されることが多く，法助動詞やほかの疑似法助動詞との共起（すなわち，多重モダリティ），あるいは，進行形や完了形を取った形式に関しては十分な光が当てられてこなかった。本章は，この問題について，特に疑似法助動詞 have to に焦点を当てつつアプローチする。疑似法助動詞のさまざまなバリエーション（たとえば，単純現在形，単純過去形，進行形，完了形，完了進行形，法助動詞や別の疑似法助動詞と共起した形式など）は話し手が当該のモダリティをどう捉えているのかに関係している。本章では，この問題をめぐって，「モダリティの透明化」という概念に基づいて，「テンス・アスペクト・モダリティの転移効果」という観察を提示する（澤田（2016b））。

はじめに，以下の例（クリスティ『ABC 殺人事件』第 7 章から）を解釈してみよう。アンドーヴァー（Andover）という町で，小さなたばこ屋を営んでいたアリス・アッシャー（Alice Ascher）という老婆が何者かによって殺害された。現場には，『ABC』という鉄道案内が残されていた。ポアロは，犯行推定時刻にたばこを買いに店に入ったというリデル氏に話を聞く。ポアロが「そこ（＝店のカウンター）に鉄道案内が置いてありましたか？」と尋ねると，リデル氏は「あったとも。伏せたままでね。婆さん，いやおうなく突然に列車で出かけるはめになって，もしかしたら店を閉め忘れちゃったのかなと，ふと思ったよ」と答える。

(1) ‘Was there a railway guide lying about?’

'Yes, there was—face downwards. It crossed my mind like that *the old woman might have had to go off sudden by train and forgot to lock shop up*.'

(A. Christie, *The ABC Murders*)（斜体筆者）

斜体部では，might で表された主観的な認識的モダリティ（=可能性・推量）と，have had to という完了形で表された，過去における客観的な束縛的モダリティ（=義務・必要）とが組み合わさって，いわゆる「多重モダリティ」を形成している。では，この斜体部はどのようなプロセスを経て解釈できるであろうか。

第一に，認識的 might に後続する完了の have は過去標識である。これは had だけでなく，and の後ろの forgot にもかかっている。すると，上の斜体部は perhaps を用いて以下のようにパラフレーズ可能となる。

(2)　… *perhaps* the old woman *had to* go off sudden by train and *forgot to* lock shop up.

第二に，(2) の had to go off sudden by train（=突然列車で出かけざるを得なかった）は，went off sudden by train（=突然列車で出かけた）を（論理的に）含意（imply）している（「含意」に関しては，第3節参照）。すると，この場合，have to の表す客観的な束縛的モダリティ（=義務・必要）は「透明化」され（すなわち，意味が希薄化され），主張の焦点は「その老婆が突然に列車で出かけたこと」に移っている。主張の焦点は以下の通りである。

(3)　… the old woman *went* off sudden by train and *forgot to* lock shop up.

こうした have to の透明化は，意味解釈上の文法的プロセスと深く関わっている。(4) はこのプロセスを示している（have と to を囲む丸括弧は透明化を示す）。

(4) … perhaps the old woman had (to) go off sudden by train and …
(have) -ed

(4) では，had（＝過去時制形式）は動詞 have と過去時制形態素の -ed に「分解」され，-ed は「透明な」（＝意味が希薄化された）have to を飛び越えて，後ろの補文動詞 go に転移する（go＋-ed＝went）。こうした転移現象は，比喩的に言えば，-ed 形態素の「浸透現象」と言えよう。すなわち，ある要素が意味の薄い領域から意味の濃い領域に移動するのである。

2. モダリティの解釈と透明化

2.0. テンス・アスペクト・モダリティの転移効果

本節では，疑似法助動詞のさまざまなバリエーションを解釈するために，以下に挙げる「テンス・アスペクト・モダリティの転移効果」を提示する。

(1) テンス・アスペクト・モダリティの転移効果：
主文動詞のテンス・アスペクト・モダリティが後続する補文動詞に転移する。

この効果によって，たとえば，have to においては，客観的な束縛的モダリティ（＝義務・必要）は，「やむなく」，「いやおうなく」，

「しかたなく」,「どうしようもなく」,「必要に迫られて」のように解釈され，一方，客観的な認識的モダリティ（＝必然性）は,「きっと」,「間違いなく」のように,「副詞的に」，すなわち，主張の焦点からはずされて解釈されることになる。このことは，疑似法助動詞 have to が当該の文において占める本動詞としての地位が背景化されて相対的に低下し，意味が希薄化され，主張の重要度が減って，焦点は後続する補文動詞に移ることを意味する。

2.1. 現在形

第一に，現在形を取り上げる。

(1)　In my job I *have to* work from nine to five.

(Swan (2005³: 336))

ここでは，have to work の have に内在する現在時制の形態素は，透明な have to を飛び越えて，後ろの補文動詞 work に転移し，結果的に In my job I work from nine to five.（「私の仕事では,（職場の決まりで）9時から5時まで勤務することになっている」（＝現在の習慣））を含意することになる。

次の例における have to は客観的な認識的モダリティ（＝必然性）を表している。

(2) a. There *has to* be some reason for his absurd behaviour.

(彼がおかしな行動をするのには，何かわけがあるのに決まっている)

b. You *have to* be joking.
（あなたのことばは冗談に決まっている）
(Leech (2004[3]: 80))

こうした例においても，have to は透明化され，「きっと … だ」のような意味で，以下の例を含意していると考えられる。

(3) a. There *is* some reason for his absurd behaviour.
（彼がおかしな行動をするのには，何かわけがある）
b. You *are* joking.
（あなたのことばは冗談だ）

ただし，以下のような例においては，上の転移効果は見られない。

(4) I *have to* get up early tomorrow. My flight leaves at 7:00. (Murphy (2000[2]: 60))

この場合，「明日早起きする」という未来の行為が現在時点においてすでに決定されている。すなわち，現在と未来との間に時間の食い違いが存在する。それゆえ，この例は，I get up early tomorrow. を含意することはできない。

2.2. 未来形

第二に，未来形を取り上げる。

(1) If we miss the bus tonight, we *will have to* walk home.
(Leech (2004[3]: 97))
(2) When you leave school, you'*ll have to* find a job.
(3) You can borrow my car, but you'*ll have to* bring it

back before ten.

(Swan (2005[3]: 337))

これらの例においては，will have to の will（＝予測）は透明な have to を飛び越えて，後ろの補文動詞（walk, find, bring）に転移し，結果的に will walk home, will find a job, will bring it back と解釈される（「今夜そのバスに乗り遅れたら，私たちはやむなく徒歩で帰宅するはめになる」，「あなたは，卒業したらやむなく就職探しをすることになる」，「すみませんが，10時までにはその車を返していただきます」）。これらは，現在生じている義務でなく，未来に生じる義務を表している。すなわち，現時点では，その義務を負ってはいないということである。(3) のような場合，「今でなくてもいいですよ」という，聞き手に対する話し手の心遣いが感じられる。

「心遣い」（もしくは，心的距離）という観点から，さらに以下の例（プージォ『ゴッドファーザー』第一部9章から）を見てみよう。

(4)　"Thank you," Michael said. "I'll sit with him for a while. OK?"

She smiled at him. "*Just for a little bit and then I'm afraid you'll have to leave.* It's the rules, you know."　(M. Puzo, *The Godfather*)（斜体筆者）

マイケルが病院の看護師に，「しばらく父の傍に座っていよう。かまわないかい？」と聞くと，彼女は，「少しの時間だけにしてくださいな。そしたら，すみませんが，帰っていただきます。」と答える。この場面では，「病院の規則上，どうしようもない」

という心的態度が表されている。will have to の will は，条件的な then（＝しばらくしたら）と呼応していると考えられる。すなわち，両者は相関関係にある。この表現からは，未来のある時点で帰ってもらわざるを得ないという「未来の義務」に言及することによって，今のところはかまわないという話し手の心遣いがうかがえる。

次の例（プージォ『ゴッドファーザー』第六部 23 章から）も同様に解釈される。

(5) But I must tell you that if your intentions are serious about my daughter, we *will have to* know a little more about you and your family …

(M. Puzo, *The Godfather*)（斜体筆者）

シシリー島で，島の美しい娘に求婚したマイケルに対して，娘の父親は「娘に対するあなたの気持ちが真剣であれば，私はもう少しあなたとあなたの家族について知らなければならない」と答える。will have to が用いられていることから，「知る」ことは現時点での必要性ではなく，未来の時点での必要性であることがわかる。時間的な距離が心的距離となっている。

さらに，次の例を比較してみよう。

(6) a. He'*s got to* go again next Tuesday.
(彼は来週の火曜日にもう一度行かないと）

b. He *has to* go again next Tuesday.
(彼はしかたなく来週の火曜日にもう一度行くことになっている）

c. He'*ll have to* go again next Tuesday.
（彼は来週の火曜日になったらしかたなくもう一度行く）
（Matthews（1991: 269））

Matthews（1991: 268ff.）は，（診察などの）予約があって出かけるという場面を想定した場合，(6a) のほうが (6b) よりも普通であると述べている。両者とも，「来週の火曜日にもう一度行く」という義務を現時点において持っている。(6a) の has got や (6b) の has と不定詞 to go 以下との間には，現在と未来という時間的な「溝」があり，この溝のためにこれらの例に対しては，「テンス・アスペクト・モダリティの転移効果」は起きない。言い換えれば，has の現在時制が透明な have to を飛び越えて，後ろの補文動詞 go に転移し，結果的に goes again ... と解釈されることはない。

他方，(6c) は，義務のモダリティは，現在ではなく，未来に生じる。その場合の「未来」とは，「来週の火曜日」である。「（今ではなく）来週の火曜日になったら，もう一度行くという義務が生じる」という心的態度である。この場合，義務の時間も「再び行く」という行為の時間も未来に属するために，「テンス・アスペクト・モダリティの転移効果」が起き，(6c) は (7) を含意することになる。

(7) He'll go again next Tuesday.

2.3. 完了形

第三に，完了形を取り上げる。

(1) I'*ve had to* go to hospital every week for tests.

(Leech (2004[3]: 83))

ここでは，現在完了形 have had to の過去分詞 had に内在する完了形態素 -en（すなわち，had = have + -en）は透明な have to を飛び越えて，後ろの補文動詞 go に転移し，結果的に I have gone to hospital ... と解釈される（「これまでずっと仕方なく検査のために病院通いをしてきている）（＝現在までの習慣）。

さらに，次の例を比較してみよう。

(2) a. He'*s had to* go for dialysis every two days.

b. He'*s been having to* go for dialysis every two days.

(Matthews (1991: 269))

(2a) の場合，現在完了形が用いられているために，「これまでずっとやってきた習慣」として解釈される。すると，(2a) は (3) を含意することになる。

(3) He has gone for dialysis every two days.

完了形 has had to の過去分詞 had に内在する過去分詞形態素 -en は透明な have to を飛び越えて，後ろの補文動詞 go に転移し，結果的に He has gone ... と解釈されるのである（「これまでずっと彼は仕方なく二日おきに透析に通ってきた）。このように解釈することによって，have to の have が状態動詞であるにもかかわらず，(「継続用法」ではなく)，「現在までの習慣用法」(Leech (2004[3]: 39)) になっていることが自然に説明可能となる。この用法においては，状態動詞ではなく，出来事動詞が一般的なのである。なお，(3) のような「習慣の現在完了」は，以下のような例が典型的である。

(4) a. Mr. Phipps has sung in this choir for fifty years.
(フィップス氏は50年前からこれまでずっとこの聖歌隊で歌ってきた)
b. I've always walked to work.
(私はこれまでずっと歩いて通勤してきた)
(Leech (2004[3]: 39))

一方，(2b) の場合も同様な分析が可能である。現在完了進行形が用いられているために，「今のところ一時的に継続している習慣」として解釈されよう。すると，(2b) は下の (5) を含意することになる。

(5) He has been going for dialysis every two days.

(5) は，現在完了進行形 has been having to の現在分詞 having に内在する進行形態素 -ing が透明な have to を飛び越えて，後ろの補文動詞 go に転移し，結果的に He has been going … と解釈されたものである (今のところ，彼は仕方なく二日おきに透析に通い続けている／いた)。なお，(5) のような「一時的な習慣」を表す現在完了進行形は，以下のような例が典型的である。

(6) a. He'*s been scoring* plenty of goals so far this season.
(彼は今シーズンは今のところずっと得点を量産している)
b. I'*ve been going* to hospital every week for tests.
(私は今のところ検査のために目下ずっと病院通いをしている)
(Leech (2004[3]: 51))

ここで，次の例を比較してみよう。

(7) a. Lynn and Josh *have lived* in that house since their marriage.
b. Lynn and Josh *have been living* in that house since their marriage.
(Leech (2004^3: 48))

Leech (2004^3: 49) によれば，上の2例の解釈は同じではない。すなわち，(7a) は「これまでずっとやってきた習慣」と解されるものの，(7b) は「今のところ一時的に継続している習慣」を述べており，それゆえ，リンとジョシュが新婚生活を送っているような状況で使われやすいという。後者の場合，二人はまもなく引っ越す可能性なきにしもあらずである。

2.4. 進行形

第四に，進行形を取り上げる。

(1) Families *are having to* hold down two—sometimes three—jobs to make ends meet. (Leech (2004^3: 83))

現在進行形 are having to の現在分詞 having に内在する進行形態素 -ing（すなわち，having = have -ing）は透明な have to を飛び越えて，後ろの補文動詞 hold に転移し，結果的に Families are holding down ... と解釈される（「今やどの家庭も仕方なく収支を合せるために二つ，時には三つ仕事をかけ持ちしている」）（=一時的な進行状態）。このように解釈することによって，have to の have が状態動詞であるにもかかわらず，進行形になっていることが自然に説明可能となる。以下の例は上の例と平行した「限られた期間（＝今のところ）における一時的な習慣」の内実を表している。

(2) a. I'm taking dancing lessons this winter.
b. At the moment Glyn is cycling almost twenty miles a day.

(Leech (2004[3]: 33-34))

以下の例を比較してみよう。

(3) a. He'*s got to* go for dialysis every two days.
b. He *has to* go for dialysis every two days.
c. He *is having to* go for dialysis every two days.

(Matthews (1991: 269))

Matthews (1991: 268ff.) によれば，二日おきに透析を受けに通うという習慣的な場面では，(3a)（＝「彼は二日おきに透析に通わなきゃ！」）よりも (3b)（＝「彼はしかたなくこのところ二日おきに透析に通っている」）のほうが普通であるという (Coates (1983: 54)，澤田 (2014c: 386ff.) 参照)。(3a) の習慣はこれからスタートする習慣としてしか解釈できないが，(3b) の習慣は前々から存在している習慣である。(3c) の場合，現在進行形が用いられているために，その習慣は，限られた期間（＝今のところ）における一時的な習慣として解釈される。(3c) は (4) を含意している。

(4) He is going for dialysis every two days.

(4) は，(3c) の is having to の have to の部分を透明化して，進行形形態素の -ing を補文動詞 go に転移させた結果として解釈される。以下の例における was having to も同様の線に沿って解釈可能である。

(5) It was several months before Johann was well enough to help his father. And Veronika, his elder sister, had married and left home, so old Mendel *was having to* work harder than ever.

(Border, *Six Great Scientists*)(斜体筆者)

この例においても，その頃にメンデル老人はやむなくそれまで以上に努力して仕事をしていたことが述べられている。

2.5. 未来進行形

第五に，未来進行形を取り上げる。

(1) After this day he *will be having to* obey his wife.

(BNC)

未来進行形 will be having to の現在分詞 having に内在する進行形態素 -ing は have to を飛び越えて，後ろの補文動詞 obey に転移し，結果的に … he will be obeying his wife と解釈される。本来，“will be ~ing” 構文は，①「未来における進行中の状況」，②「ことの成り行き」，③「現在における進行中の状況に関する推量」という三つのタイプに分類可能である（詳しくは，澤田(2006: 455ff.) 参照）。(1) の場合の “will be ~ing” は「ことの成り行き」と解釈される（「このままゆくと，彼は仕方なく妻の尻にしかれることになる」）（=ことの成り行き）。仮に「テンス・アスペクト・モダリティの転移効果」に基づくことなく，未来進行形 will be having to … という進行形はあくまで状態動詞 have の未来進行形であるとみなすならば，状態動詞 have がなぜ進行形になっているのかが説明不可能であり，「ことの成り行き」を示す "will be ~ing" 構文の正体を正しく把握することもできない。

2.6. Be Going To 形

第六に，be going to have to を取り上げる。

(1) a. 'I'*m going to have to* travel up to London every day of the week,' Meredith said with some regret.

(BNC)

b. Mr Lumsden *is going to have* to take two mortgages out. (Palmer (1990²: 116))

これらの例における疑似法助動詞 be going to が「意図」を表していると想定した場合，be going to の to は，透明な have to を飛び越えて，後ろの補文動詞（travel, take）に転移し，結果的に，I'm going to travel up to London every day of the week …（いやだけど，私は仕方なくその週は毎日ロンドンに行くつもりだ），Mr Lumsden is going to take two mortgages out.（ラムスデン氏は，仕方なくローンを二つ組むつもりだ）と解釈されることになる。このように分析してはじめて，意図を表す be going to の後ろに状態動詞 have が生起していることが説明され得る。

2.7. 法助動詞＋Be＋進行形

第七に，may be having to を取り上げる。

(1) … chiefs in Aberconwy have issued hygiene advice to flood victims who *may be having to* cope with flood-water contaminated with sewage. (BNC)（斜体筆者）

認識的 may に続く be having to の現在分詞 having に内在する進行形態素 -ing は，透明な have to を飛び越えて，後ろの補文動詞 cope に転移し，結果的に，who may be coping with flood-water contaminated with sewage と解釈されることになる。-ing の転移は以下のように樹形図によって表示可能である。

(2)

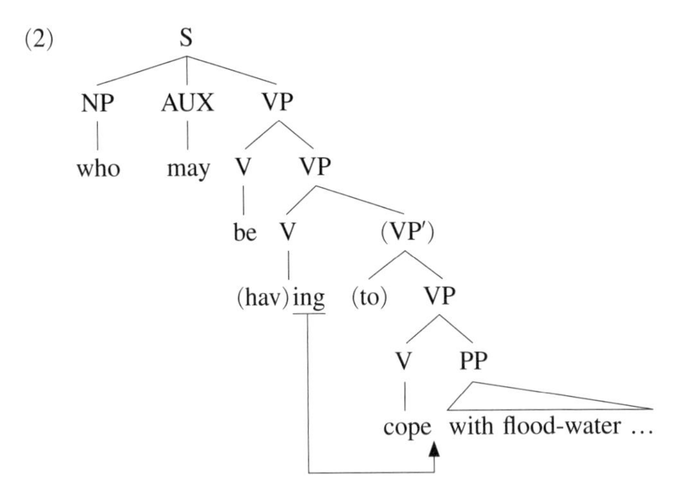

実は，この例は多義的である。一つの解釈は，①「もしかすると（今）洪水の犠牲者たちは仕方なく下水で汚染された洪水と格闘しているかもしれない」（=who are perhaps coping with flood-water contaminated with sewage）（=現在における進行中の状況に関する推量）であり，もう一つの解釈は，②「(このまま大雨が降り続くと）もしかすると（将来）洪水の犠牲者たちは仕方なく下水で汚染

された洪水と格闘することになるかもしれない」(=who will perhaps be coping with flood-water contaminated with sewage)(=ことの成り行きに関する推量) である。②の解釈ではなく，①の解釈においてのみ，認識的 must (=推量) を用いた以下の書き換えが可能となる。

(3) … flood victims who *must be having to* cope with flood-water contaminated with sewage.

なぜなら，認識的 must は未来の状況に言及することはできないからである (「非未来性条件」による (第2章2節，本書〈下巻〉第11章2.1節参照))。こうした解釈の問題は，「テンス・アスペクト・モダリティの転移効果」を想定しない場合には，説明困難であろう。

2.8. 仮想形

第八に，would have had to という仮想条件文の帰結形式を取り上げる。

(1) If the fire had taken hold of the building, he *would have had to* clamber out on to the roof.

(Leech (2004^3: 127))

仮想的 would に続く完了形 have had to の過去分詞 had に内在する完了形態素 -en (すなわち，had=have+-en) は透明な have to を飛び越えて，後ろの補文動詞 clamber に転移し，結果的に he would have clambered out on to the roof と解釈される (「あの時仮に火が建物に広がっていたら，彼はやむなく屋根の上によじ登っていた)(＝過去の事実に反する仮想)。

3. 含意

3.1. 含意述語

これまで，疑似モダリティにおける「透明化」について，have to を中心に見てきた。疑似法助動詞が透明化するということは，補文が含意されるということである。本節では，have to の透明化をより広い視点から見るために，含意について見ておきたい。

よく知られているように，Karttunen (1971) は，補文に to 不定詞を従える述語を二つに大別した。含意述語 (implicative predicates) と非含意述語 (non-implicative predicates) である。

(1) 含意述語：　manage, remember, bother, get, dare, care, venture, condescend, happen, …
　非含意述語：　agree, decide, want, hope, promise, plan, intend, try, be likely, be eager, …

3.2. 含意

含意述語と非含意述語の違いとして，重要な点は以下のようなものである。第一に，含意述語は，非含意述語と異なって，補文の内容が真であることを表す。以下の例で，含意述語 manage/remember を持つ (1a), (1b) は，それぞれ，(2a), (2b) を含意するが，非含意述語 hope を持つ (3) は (2a) を含意することはない。

(1) a. John managed to solve the problem.
　　(ジョンはなんとかその問題を解いた)
　b. John remembered to lock his door.
　　(ジョンは忘れずにドアに鍵を掛けた)

(2) a. John solved the problem.
　　(ジョンはその問題を解いた)
　b. John locked his door.
　　(ジョンはドアに鍵を掛けた)

(3) John hoped to solve the problem.
　(ジョンはその問題を解きたいと思った)

(Karttunen (1971: 341))

このことは，以下の例で，(4a) は不適格であるが，(4b) は適格であることからも明らかである。

(4) a. *John managed to solve the problem, but he didn't solve it.
　　(ジョンはなんとかその問題を解いたが，彼にはその問題は解けなかった)
　b. John hoped to solve the problem, but he didn't solve it.
　　(ジョンはその問題を解きたいと思ったが，彼にはその問題は解けなかった)

(Karttunen (1971: 342))

3.3. 否定

第二に，含意述語は，非含意述語と異なって，否定されると，補文述語を否定することになる。含意述語 manage/remember を持つ (1a), (1b) は，それぞれ，(2a), (2b) を含意するが，非含意述語 hope を持つ (3) は (2a) を含意することはない。

(1) a. John didn't manage to solve the problem.
(ジョンはどうしてもその問題が解けなかった)
b. John didn't remember to lock his door.
(ジョンはドアに鍵をし忘れた)

(2) a. John didn't solve the problem.
(ジョンはその問題が解けなかった)
b. John didn't lock his door.
(ジョンはドアに鍵をしなかった)

(3) John didn't hope to solve the problem.
(ジョンはその問題を解きたいとは思わなかった)

(Karttunen (1971: 343))

このことは，以下の例で，(4a) は不適格であるが，(4b) は適格であることがらも明らかである。

(4) a. *John didn't manage to solve the problem, but he solved it.
(ジョンはどうしてもその問題が解けなかったが，彼にはその問題が解けた)
b. John didn't hope to solve the problem, but he solved it.

（ジョンはその問題を解きたいとは思わなかったのに，その問題が解けた）

(Karttunen（1971: 343））

ただし，含意述語を否定することは，その含意述語に含まれている前提をも否定することではない。たとえば，John didn't manage to solve the problem.（ジョンはがんばったが，どうしてもその問題が解けなかった）は，John made an attempt to solve the problem.（ジョンはその問題を解こうとがんばった）という前提を否定してはいない。それゆえ，John didn't manage to solve the problem. と John didn't solve the problem.（ジョンはその問題を解けなかった）とは「同値」ではあるが，「同義」ではない。manage には「その行為をやり遂げることは困難である」という前提が含まれている。前提である以上，これは否定されることはない。

3.4.　モダリティ

以下の例では，モダリティは，含意述語を越えて，補文述語にかかっていると解釈される。

（1）　John ought to remember to lock his door.

(Karttunen（1971: 345））

（ジョンは忘れずにドアに鍵をするべきだ）

すなわち，上の例は以下の例と同値である。

（2）　John ought to lock his door.　(Karttunen（1971: 345））

（ジョンはドアに鍵をするべきだ）

こうした現象は，ought to の意味が束縛的（＝義務・妥当）であろうと，認識的（＝推測・期待）であろうと変わりはない。しかしながら，非含意述語の場合には，法助動詞は補文述語にかかることはない。すなわち，(3) は (2) と同値ではない。

(3) John ought to be eager to lock his door.

(Karttunen (1971: 345))

（ジョンはドアに鍵をすることにもっと熱意を持つべきだ）

なぜなら，(3) では，ought to は lock his door ではなく，be eager to にかかっているからである。すると，以下の実例（クリスティ『ABC 殺人事件』第 7 章から）において，

(4) 'With great haste, my friend, *we might manage to catch the 7.02*. Let us dispatch ourselves quickly.'

(A. Christie, *The ABC Murders*)（斜体筆者）

斜体部は「大急ぎで行けば，7 時 2 分の列車になんとか乗れるかもしれない」と解釈される。この場合，ポアロは，might は，含意動詞である manage to（＝なんとか〜する）の可能性ではなくて，それを「飛び越して」，補文動詞 catch（＝乗る）の可能性を問題にしているのである。

テンスという観点から見ても，含意述語の場合には，含意述語の時制と補文述語の時制とは一致していなくてはならないという制約がある。それゆえ，時間的な観点から，以下の例は不適格となる。

(5) *John remembered to lock his door tomorrow.

(Karttunen (1971: 346))

(ジョンは忘れずに明日ドアに鍵をした)

これらの例からわかることは，含意述語の補文が主文の時制と衝突する時間副詞を含んでいてはならないということである。重要なことは，非含意述語の場合には，主文の時制が過去でも，補文の時制は未来の時間副詞を含む可能性を排除しないということである。

(6) John hoped to solve the problem next week.

(Karttunen (1971: 346))

(ジョンは来週その問題を解くことを望んだ)

(5) と (6) の違いは，前者が含意述語 remember を，後者が非含意述語 hope を含んでいるという点にしかない。非含意述語の場合，その述語と補文との間には時間的な「溝」があり，この溝のためにこれらの例に対しては，含意性は存在しない。

4. おわりに

本章では，特に疑似法助動詞 have to のさまざまな形式の解釈をめぐって，モダリティの透明化（＝希薄化）の観点から論じ，とりわけ，「テンス・アスペクト・モダリティの転移効果」（＝テンス・アスペクト・モダリティが後続する補文動詞に転移する）という条件を提出した。さらに，透明化をめぐる問題に関して「含意述語」(たとえば，manage to 構文など) に内在する「前提」という，より広い観点から考察を加えた。疑似法助動詞（たとえば，have to）の透明化と含意述語（たとえば，manage to）の前提が示唆する「単文化」現象はどこでつながっているのであろうか。Palmer (1990^2: 120) は have to が過去時制形になった had to の場合，「実現性」(actuality) の含意があると述べているが，「実現性」があるということは，すなわち，had to が透明化されたということにほかならない。

一つのカギは，含意述語の持つ前提性にある。前提とは背景的意味であるとすれば，含意述語が「背景化」され，その文の焦点が補文述語に移ることは不思議ではない。それゆえ，透明化と背景化とは共通した現象であることは確かであるが，透明化と背景化を一つに統合できるかどうかについては今後さらに考察してみたい。

最後に，以下のような例も興味深い。

(1) … the colliding object *might have had to have been* much larger, about three times the size of Mars. (BNC)

この例は，「もしかすると衝突物体は間違いなくはるかに大きかった—火星の約 3 倍はあった—」と解釈される。興味深いことに，ここでは，might have had to be ではなく，might have had to have been となっている。すなわち，補文動詞までもが完了形になっている。解釈プロセスは以下の通りである（より詳しくは，澤田 (2014c: 399ff.) 参照)。

まず第一段階で，認識的 might に後続する完了の have と to have been の have は両方とも過去標識であるとみなす。すると，had to have been は結局は had to be と同義であると解釈され，上の斜体部は以下のようにパラフレーズ可能となる。

(2)　… *perhaps* the colliding object *had to be* much larger …

次に，第二段階で，(2) では，had（＝過去時制形式）は動詞 have と過去時制形態素の -ed に「分解」され，-ed は「透明な」have to を飛び越えて，後ろの補文動詞 be に転移する（be＋-ed ＝was）。

(3)　… *perhaps* the colliding object *was* much larger …

こうした「法助動詞＋二重完了形」構文は，今度さらに研究されるべき興味深いテーマと言えよう。

参考文献

Aijmer, K. (1972) *Some Aspects of Psychological Predicates in English*, Almqvist & Wiksell, Stockholm.

Aijmer, K. (2016) "Modality and Mood in Formal Syntactic Approaches," in Nuyts and van der Auwera (eds.) (2016), 473-513.

安藤貞雄 (2005)『現代英文法講義』開拓社，東京．

安藤貞雄 (2014)「ムードの意味」澤田治美 (編) (2014a)，175-203.

Antinucci, F. and D. Parisi (1971) "On English Modal Verbs," *CLS* 7, 28-39.

Arregui, A., M. L. Rivero and A. Salanova (2017) *Modality Across Syntactic Categories*, Oxford University Press, Oxford.

Austin, J. (1962) *How to Do Things with Words*, Clarendon Press, Oxford. [坂本百大 (訳) (1978)『言語と行為』大修館書店，東京．]

Azar, B. S. and S. A. Hagen (2009^4) *Understanding and Using English Grammar*, Pearson and Longman, New York.

Behre, F. (1955) *Meditative-Polemic* Should *in Modern English* That-*Clauses*, Almqvist&Wiksell, Stockholm.

Binnick, R. I. (1971) "*Will* and *Be Going To*," *CLS* 7, 40-51.

Binnick, R. I. (1972) "*Will* and *Be Going To* II," *CLS* 8, 3-9.

Bolinger, D. L. (1972) *Degree Words*, Mouton De Gruyter, The Hague.

Bolinger, D. L. (1977) *Meaning and Form*, Longman, London. [中右実 (訳) (1981)『意味と形』こびあん書房，東京．]

Bolinger, D. L. (1989) "Extrinsic Possibility and Intrinsic Possibility: 7 on MAY and CAN + 1," *Journal of Pragmatics* 13, 1-23.

Boyd, J. and J. P. Thorne (1969) "Semantics of Modal Verbs," *Journal of Linguistics* 5, 57-74.

Breivik, L. E. (1983) *Existential* There: *A Synchronic and Diachoronic Study*, Department of English, University of Bergen, Bergen.

Brennan, V. M. (1993) *Root and Epistemic Modal Auxiliary Verbs*, Doctoral dissertation, University of Massachusetts.

Bresnan, J. (1971) "Sentence Stress and Syntactic Transformations," *Language* 42(2), 252-281.

Bresnan, J. (1972) *Theory of Complementation in English Syntax,* Doctoral dissertation, MIT.

Bresnan, J. (1973) "Syntax of the Comparative Construction in English," *Linguistic Inquiry* 5, 614-619.

Bybee, J. and S. Fleischman, eds. (1995) *Modality in Grammar and Discourse*, John Benjamins, Amsterdam.

Bybee, J. and S. Fleischman (1995) "Modality in Grammar and Discourse: An Introductory Essay," in J. Bybee and S. Fleischman (eds.) (1995), 1-14.

Bybee, J., R. Perkins and W. Pagliuca (1994) *The Evolution of Grammar*, University of Chicago Press, Chicago.

Cater, R. R. Hughes and M. McCarthy (2000) *Exploring Grammar in Context*, Cambridge University Press, Cambridge.

Coates, J. (1983) *The Semantics of Modal Auxiliaries*, Croom Helm, London. [澤田治美（訳）(1992)『英語法助動詞の意味論』研究社，東京.]

Comrie, B. (1985) *Tense*, Cambridge University Press, Cambridge. [久保修三（訳）(2014)『テンス』開拓社，東京.].

Cuyckens, H., T. Berg, R. Dirven and K. Panther, eds. (2003) *Motivation in Language: Studies in Honor of Gunter Radden*, John Benjamins, Amsterdam.

Dancygier, B. (1998) *Conditionals and Prediction,* Cambridge University Press, Cambridge.

Dancygier, B. and E. Sweetser (2005) *Mental Spaces in Grammar: Conditional Constructions,* Cambridge University Press, Cambridge.

Davidsen-Nielsen, N. (1988) "Has English a Future?" *Acta Linguistica* 21, 5-20.

Declerck, R. (1991) *A Comprehensive Descriptive Grammar of English*, Kaitakusha, Tokyo. [安井稔（訳）(1994)『現代英文法総論』開拓社，東京.]

Declerck, R. (2006) *The Grammar of the English Tense System: A*

Comprehensive Analysis, Mouton de Gruyter, Berlin.
Declerck, R. (2011) "The Definition of Modality," in Pastard and Brisard (eds.) (2011), 21–44.
Declerck, R. and S. Reed (2001) *Conditionals: A Comprehensive Empirical Analysis,* Mouton de Gruyter, Berlin.
De Haan, F. (1997) *The Interaction of Modality and Negation: A Typological Study*, Garland, New York.
Dixon, R. M. W. (1991) *A New Approach to English Grammar, on Semantic Principles*, Clarendon Press, Oxford.
Duffley, P. (1994) "Need and Dare: The Black Sheep of the Modal Family," *Lingua* 94, 213–243.
江川泰一郎 (1991)『英文法解説　改訂三版』金子書房，東京.
Geurts, B. (1998) "The Mechanism of Denial," *Language* 74, 274–307.
Graver, B. D. (1986[3]) *Advanced English Practice*, Oxford University Press, Oxford.
Greenbaum, S., G. Leech and J. Svartvik, eds. (1980) *Studies in English Linguistics for Randolph Quirk*, Longdon, Longman.
Grice, H. Paul (1989) *Studies in the Way of Words*, Harvard University Press, Cambridge, MA. [清塚邦彦 (訳) (1998)『論理と会話』勁草書房，東京.]
Halliday, M. (1970) "Functional Diversity in Language as Seen from a Consideration of Modality and Mood in English," *Foundations of Language* 6, 322–361.
Hatcher, A. G. (1951) "The Use of the Progressive Form in English: A New Approach," *Language* 27, 254–280.
Hewings, M. (1999) *Advanced Grammar in Use*, Cambridge University Press, Cambridge.
Hofmann, T. R. (1966) "Past Tense Replacement and the Modal System," *NSF* 17(VII), 1–21.
Hooper, J. (1975) "On Assertive Predicates," *Syntax and Semantics, Volume 4*, ed. by J. K. Kimball, Academic Press, New York.
Hornby, A. S. (1956) *A Guide to Patterns and Usage in English*, Kenkyusha, Tokyo.
Huddleston, R. (1984) *Introduction to the Grammar of English*, Cam-

bridge University Press, Cambridge.
Huddleston, R. and G. K. Pullum. (2002). *The Cambridge Grammar of the English Language*, Cambridge University Press, Cambridge.
Jacobson, B. (1974) "The Auxiliary *Need*," *English Studies* 55, 56-63.
Jenkins, L. (1972) *Modality in English Syntax*, Doctoral dissertation, MIT.
Jespersen, O. (1949a) *A Modern English Grammar* (Part IV), George Allen & Unwin, London.
Jespersen, O. (1949b) *A Modern English Grammar* (Part V), George Allen & Unwin, London.
Jespersen, O. (1965) *The Philosophy of Grammar*, W. W. Norton & Comoany, London. [安藤貞雄（訳）(2006)『文法の原理』(上／中／下) 岩波書店，東京.]
Johannesson, N.-L. (1976) *The English Modal Auxiliaries: A Stratificational Account*, Almqvist & Wiksell International, Stockholm.
Karttunen, L. (1971) " Implicative Verbs," *Language* 47(2), 340-358.
柏野健次 (2002)『英語助動詞の語法』研究社，東京.
川崎潔 (1970)「国語の自発動詞」『獨協大学教養諸学研究』4, 87-112.
川崎潔 (1972)「国語の自発的表現拾遺」『獨協大学教養諸学研究』6, 83-108.
金田一春彦 (1953)「不変化助動詞の本質―主観的表現と客観的表現の別について―」(上／下)『國語國文』22(2), 1-18; 22(3), 15-35.
金田一春彦 (1976)「国語動詞の一文類」『日本語動詞のアスペクト』，金田一春彦（編），5-26，麦書房，東京.
Kiparsky, P. and C. Kiparsky (1971) "Fact," *Semantics: An Interdisciplinary Reader in Philosophy, Linguistics and Psychology,* ed. by D. D. Steinberg and L. A. Jakobovits, 334-369, Cambridge University Press, Cambridge.
吉良文孝 (2013)「Could と実現性の含意」『平成 25 年度科学研究費補助金によるモダリティワークショップ―モダリティに関する意味論的・語用論的研究―予稿集』4, 51-62.
Kirsner, R. S. and S. A. Thompson (1976) "The Role of Pragmatic Inference in Semantics: A Study of Sensory Verb Complements in English," *Glossa* 10, 200-240.

小泉保（1993）『日本語教師のための言語学入門』大修館書店，東京.
久保進（2014）『言語行為と調整理論』ひつじ書房，東京.
窪田空穂（1950）『萬葉集評釈　第7巻』東京堂，東京.
Lakoff, R. (1972) "The Pragmatics of Modality," *CLS* 8, 229–246.
Langacker, R. W. (1985) "Observations and Speculations on Subjectivity," *Iconicity in Syntax*, ed. by J. Haiman, 109–150, John Benjamins, Amsterdam.
Langacker, R. W. (1991) *Foundations of Cognitive Grammar. Vol. II: Descriptive Application*, Stanford University Press, Stanford.
Langacker, R. W. (2002) "The Control Cycle: Why Grammar is a Matter of Life and Death," *Proceedings of the Second Annual Meeting of the Japanese Cognitive Linguistics Association* 2, 193–220.
Langacker, R. W. (2004) "Aspects of the Grammar of Finite Clauses," *Language, Culture and Mind*, ed. by M. Achard and S. Kemmer, 535–577, CSLI Publications, Stanford.
Langacker, R. W. (2013) "Modals: Striving for Control," *English Modality: Core, Peripherary and Evidentiality*, ed. by J. I. Marin-Arrese, M. Carretero, J. A. Hita and J. van der Auwera, 3–55, Mouton de Gruyter, Berlin.
Langacker, R. W. (2017) *Ten Lectures on the Basics of Cognitive Grammar*, Brill, Leiden.
Larsen-Freeman, Diane and Marianne Celce-Murcia (2016[3]) *The Grammar Book: Form, Meaning, and Use for English Language Teachers*, National Graphic Learning, Boston.
Lasersohn, P. (2017) *Subjectivity and Perspective in Truth-Theoretic Semantics*, Oxford University Press, Oxford.
Leech, G. N. (2004[3]) *Meaning and the English Verb*, Longman, London.
益岡隆志（1991）『モダリティの文法』くろしお出版，東京.
松尾捨治郎（1961）『助動詞の研究』白帝社，東京.
Matthews, R. (1991) *Words and Worlds: On the Linguistic Analysis of Modality*, Peter Lang, Frankfurt am Main.
三上章（1972）『現代語法序説』くろしお出版，東京.
Mitchell, K. (1990) "On Comparisons in a Notional Grammar," *Ap-*

plied Linguistics 11 (1), 52–72.

Murphy, R. (2000[2]) *Grammar in Use Intermediate*, Cambridge University Press, Cambridge.

Murphy, R. (2009[3]) *Grammar in Use Intermediate*, Cambridge University Press, Cambridge.

長友俊一郎 (2009)『束縛的モダリティと英語法助動詞』リーベル出版, 東京.

長友俊一郎 (2012)「英語モダリティと動機づけ」澤田治美 (編) (2012a), 17–35.

長友俊一郎 (2013)「束縛的モダリティを表す (疑似) 法助動詞文をめぐって」『平成 25 年度科学研究費による国際モダリティワークショップ—モダリティに関する意味論的・語用論的研究—発表論文集』4, 75–102.

中西宇一 (1996)『古代語文法論　助動詞編』和泉書院, 東京.

中野弘三 (1993)『英語法助動詞の意味論』英潮社, 東京.

Nicolle, S. (1997) "A Relevance-theoretic Account of *Be Going To*," *Journal of Linguistics* 33, 355–377.

仁田義雄 (2009)『日本語のモダリティとその周辺』ひつじ書房, 東京.

仁田義雄 (2014)「日本語モダリティの分類」澤田治美 (編) (2014a), 63–83.

Nuyts, J. and van der Auwera, eds. (2016) *The Oxford Handbook of Modality and Mood*, Oxford University Press, Oxford.

大庭幸男 (2011)『英語構文を探求する』開拓社, 東京.

岡本芳和 (2005)『話法とモダリティ—報告者の捉え方を中心に—』リーベル出版, 東京.

大鹿薫久 (1995)「本体把握—「らしい」の節—」『宮地裕・敦子先生古希記念論集　日本語の研究』, 宮地裕・敦子先生古希記念論集刊行会 (編), 527–548, 明治書院, 東京.

Palmer, F. R. (1980) "CAN, *WILL*, and Actuality," in Greenbaum, Leech and Svartvik (eds.), 205–217.

Palmer, F. R. (1990[2]) *Modality and the English Modals*, Longman, London.

Palmer, F. R. (2001[2]) *Mood and Modality*, Cambridge University Press, Cambridge.

Patard, A. and F. Brisard, eds. (2011) *Cognitive Approaches to Tense, Aspect, and Epistemic Modality*, John Benjamins, Amsterdam.

Perkins, M. R. (1983) *Modal Expressions in English*, ABLEX Publishing Company, Norwood, NJ.

Portner, P. (2009) *Modality*, Oxford University Press, Oxford.

Poutsma, H. (1928) *A Grammar of Late Modern English Part I*, P. Noordhoff, Groningen.

Quirk, R., S. Greenbaum, G. Leech and J. Svartvik (1985) *A Comprehensive Grammar of the English Language*, Longman, London.

Rett, J. (2015) *The Semantics of Evaluativity*, Oxford University Press, Oxford.

Rivière, C. (1981) "Is *Should* a Weaker *Must*?" *Journal of Linguistics* 17, 179–195.

Rusiecki, J. (1985) *Adjectives and Comparison in English*, Longman, London.

Sacks, H., E. Schegloff and G. Jefferson (1974) "A Simplest Systematics for the Organization of Turn-taking in Conversation," *Language* 50(4), 696–735.

佐藤健児 (2016)「条件文の帰結節における be going to に関する記述的研究」『英語語法文法研究』23, 143–159.

澤田治美 (1975)「日英語主観的助動詞の構文論的考察—特に「表現性」を中心として—」『言語研究』68, 75–103.

澤田治美 (1988a) "Remarks on Epistemic *Must*"『近代英語研究』4, 101–111.

澤田治美 (1988b)「Epistemic *Must* の命題内容条件」『英語青年』134(5), 224.

澤田治美 (1990)「認識的法助動詞の命題内釈条件」『文法と意味の間—国広哲弥教授還暦退官記念論文集』国広哲弥教授還暦退官記念論文集編集委員会 (編), 205–217, くろしお出版, 東京.

澤田治美 (1993)『視点と主観性』ひつじ書房, 東京.

Sawada, H. (1995) *Studies in English and Japanese Auxiliaries: A Mulli-stratal Approach*, Hituzi Syobo, Tokyo.

澤田治美 (2001)「認識のパタンと法助動詞の意味解釈」(上／下)『英語青年』147(3), 185–189; 147(4), 225–229.

澤田治美 (2003)「はじめての受賞作」『語研ジャーナル』2, 64.

澤田治美 (2004)「モダリティをめぐって―多義性か単義性か―」『横浜「言語と人間」研究会　会報』38, 1.

澤田治美 (2006)『モダリティ』開拓社，東京.

澤田治美（編）(2010-2015)『ひつじ意味論講座　1～7』ひつじ書房，東京.

澤田治美（編）(2011a)『ひつじ意味論講座　第5巻　主観性と主体性』ひつじ書房，東京.

澤田治美 (2011b)「第5巻『主観性と主体性』序論」澤田治美（編）(2011a), iii-xxxviii.

澤田治美 (2011c)「モダリティにおける主観性と主体性」澤田治美（編）(2011a), 25-48.

澤田治美（編）(2012a)『ひつじ意味論講座　第4巻　モダリティII：事例研究』ひつじ書房，東京.

澤田治美 (2012b)「日英語の認識的・証拠的モダリティと因果性」澤田治美（編）(2012a), 63-82.

澤田治美（編）(2014a)『ひつじ意味論講座3　モダリティI：理論と方法』ひつじ書房，東京.

澤田治美 (2014b)「英語モダリティの分類と否定の作用域」澤田治美（編）(2014a), 153-173.

澤田治美 (2014c)『現代意味解釈講義』開拓社，東京.

澤田治美 (2016a)『続・現代意味解釈講義』開拓社，東京.

澤田治美 (2016b)「モダリティの透明化と背景化をめぐって」『国際モダリティワークショップ―モダリティに関する意味論的・語用論的研究―発表論文集』10, 1-23.

澤田淳 (2014)「日本語の授与動詞構文の構文パターンの類型化―他言語との比較対照と合わせて―」『言語研究』145, 27-60.

Sawada, O. (2018) *Pragmatic Aspects of Scalar Modifiers: The Semantics-Pragmatics Interface*, Oxford University Press, Oxford.

Stump, G. T. (1985) *The Semantic Variability of Absolute Constructions*, D. Reidel, Dordrecht.

Swan, M. (2005[3]) *Practical English Usage*, Oxford University Press, Oxford.

Swan, M. (2016[4]) *Practical English Usage*, Oxford University Press,

Oxford.

Sweetser, E. (1990) *From Etymology to Pragmatics*. Cambridge University Press, Cambridge. ［澤田治美（訳）(2000)『認知意味論の展開』研究社出版，東京.］

Talmy, L. (1988) "Force Dynamics in Language and Cognition," *Cognitive Science* 12, 49–100.

Talmy, L. (2000) *Toward a Cognitive Semantics* (I, II), MIT Press, Cambridge, MA.

Taylor, J. R. (2003) "Meaning and Context," in Cuyckens, Berg, Dirven and Panther (eds.) (2003), 27–48.

Thomson, A. J. and A. V. Martinet (1986[4]) *A Practical English Usage*, Oxford University Press, Oxford.

時枝誠記（1941）『國語學原論』岩波書店，東京.

時枝誠記（1950）『日本文法口語編』岩波書店，東京.

時枝誠記（1954）『日本文法文語編』岩波書店，東京.

時枝誠記（1955）『國語學原論　續編』岩波書店，東京.

時枝誠記（1959）『古典解釈のための日本文法』至文堂，東京.

時枝誠記（1973[18]）『現代の国語学』有精堂，東京.

時枝誠記（2007）『国語学原論』（上／下）岩波書店，東京.

Tottie, G. (1985) "The Negation of Epistemic Necessity in Present-day British and American English," *English World-Wide* 6(1), 87–116.

Traugott, E. C. (1989) "On the Rise of Epistemic Meanings in English: An Example of Subjectification in Semantic Change," *Language* 65, 31–55.

Tregidgo, P. S. (1982) "MUST and MAY: Demand and Permission," *Lingua* 56, 75–92.

von Wright, G. H. (1951) *An Essay in Modal Logic*, North Holland, Amsterdam.

Walton, A. L. (1991) "The Semantics and Pragmatics of CAN," *Linguistische Berichte* 135, 325–345.

和佐敦子（2005）『スペイン語と日本語のモダリティ—叙法とモダリティの接点』くろしお出版，東京.

Westney, P. (1995) *Modals and Periphrastics in English: An Investigation into the Semantic Correspondence between Certain English*

Modal Verbs and Their Periphrastic Equivalents, Max Niemeyer Verlag, Tübingen.

Wierzbicka, A. (2003[2]) *Cross-Cultural Pragmatics: The Semantics of Human Interaction*, Mouton de Gruyter, Berlin.

Wierzbicka, A. (2008) *The Semantics of Grammar*, John Benjamins, Amsterdam.

Woisetschlaeger, E. F. (1976) "A Semantic Theory of the English Auxiliary System." Reproduced by Indiana Linguistics Club.

八木孝夫 (1987)『程度表現と比較構造』大修館書店，東京.

山梨正明 (2009)『認知構文論—文法のゲシュタルト性』大修館書店，東京.

索　引

1. 日本語はあいうえお順，英語は ABC 順に並べてある。
2. 数字はページ数字を示す。

［あ行］

［か行］

[さ行]

[た行]

[な行]

[は行]

[ま行]

[や行，ら行]

澤田　治美　(さわだ　はるみ)

1946年島根県生まれ。福井大学専任講師，静岡大学助教授，学習院大学教授を経て，関西外国語大学教授。1986-1987年ハーバード大学，スタンフォード大学にて在外研究。博士（英語学）。

翻訳書：G. N. リーチ『現代意味論』（研究社出版，1977，共訳），J. コーツ『英語法助動詞の意味論』（研究社出版，1992），J. L. メイ『ことばは世界とどうかかわるか──語用論入門』（ひつじ書房，1996，共訳），E. E. スウィーツァー『認知意味論の展開──語源学から語用論まで』（研究社，2000），P. オースティン『世界言語百科』（柊風舎，2009，日本語版監修），A. クリスタン『世界の文字の歴史文化図鑑──ヒエログリフからマルチメディアまで』（柊風舎，2012，日本語版監修），グリニス・チャントレル『オックスフォード英単語由来大辞典』（柊風舎，2015，監訳）。

研究書：『視点と主観性──日英語助動詞の分析』（ひつじ書房，1993）[1993年度市河賞受賞]，『英語学入門』（開拓社，2001，共編），『モダリティ』（開拓社，2006）[2007年度第8回英語語法文法学会賞受賞]，『ひつじ意味論講座』（全7巻）（ひつじ書房，2010～2015，編集），『現代意味解釈講義』（開拓社，2014），『続・現代意味解釈講義』（開拓社，2016），など。

意味解釈の中のモダリティ（上）　<開拓社 言語・文化選書 72>

2018年3月20日　第1版第1刷発行

著作者　澤田治美
発行者　武村哲司
印刷所　日之出印刷株式会社

発行所　株式会社　開拓社
〒113-0023 東京都文京区向丘1-5-2
電話　(03) 5842-8900（代表）
振替　00160-8-39587
http://www.kaitakusha.co.jp

ISBN978-4-7589-2572-3　C1380